I0371667

www.ingramcontent.com/pod-product-compliance
Lightning Source LLC
Chambersburg PA
CBHW071421070526
44578CB00003B/645
9781989880425

کلینیک شادی و آرامش

نویسنده:
اکبر کوراوند

سریال کتاب: P2145100033

سرشناسه : KOR 2021

عنوان: کلینیک شادی و آرامش

نویسنده: احمد کوراوند

شابک کانادا: ISBN: 978-1-989880-42-5

موضوع: مهارت های شخصی،

متا دیتا: Self Help, ,

مشخصات کتاب: Paperback

تعداد صفحات: ۱۰۶

تاریخ نشر در کانادا: سپتامبر ۲۰۲۱

تاریخ نشر اولیه: ۱۹۹۴

Kidsocado Publishing House

خانه انتشارات کیدزوکادو

ونکوور، کانادا

تلفن : +1 (833) 633 8654

واتس آپ : +1 (236) 333 7248

ایمیل : info@kidsocado.com

وبسایت انتشارات: https://kidsocadopublishinghouse.com

وبسایت فروشگاه: https://kphclub.com

سلام هم زبان

دستیابی ایرانیان مقیم خارج از کشور به کتاب های بسیار متنوع و جدیدی که به تازگی در ایران نگاشته و چاپ می شود، محدود است. ما قصد داریم این خدمت را به فارسی زبانان دنیا هدیه دهیم تا آنها بتوانند مانند شما با یک کلیک در آمازون یا دیگر انتشارات آنلاین کتاب‌هایی در زمینه های مختلف را خریداری کنند و درب منزل تحویل بگیرند.

خانه انتشارات کیدزوکادو تحت حمایت مجموعه آموزشی کیدزوکادو این افتخار را دارد تا برای اولین بار کتاب‌های با ارزش فارسی را که با زبان فارسی نگارش شده است از شرکت های انتشاراتی بزرگ آن لاین مانند آمازون و ایی بی بارنز اند نابل و هم چنین وبسایت خود انتشارات در اختیار ایرانیان مقیم خارج از ایران قرار دهد.

از اینکه توانستیم کتابهای جدید و با ارزشی که به قلم عالی نویسنده گان و نخبگان خوب ایرانی نگاشته شده است را در اختیار شما قرار دهیم بسیار احساس رضایتمندی داریم

این کتاب ها تحت اجازه مستقیم نویسنده و یا انتشارات کتاب صورت گرفته و درآمد حاصله بعد از کسر هزینه‌ها، به نویسنده پرداخته می شود.

خانه انتشارات کیدزوکادو در قبال مطالب داخل کتاب هیچگونه مسئولیتی ندارد و صرفاً به عنوان یک پخش کننده است.

و شما خوانندہ عزیز ما را با گذاشتن نظرات در وب سایتی که کتاب را تهیه کرده‌اید به این کار فرهنگی دلگرمتر کنید. از کامنتی که در بر گیرنده نظرتان نسبت به کتاب است عکس بگیرید و برای ما به این ایمیل بفرستید از هر ۴ نفری که برایمان کامنت می فرستند، یک نفر یک کتاب رایگان دریافت می‌کند.

ایمیل : info@kidsocado.com

فهرست

معرفی نامه ۴

هدف ۵

حرکت از تو، برکت از خدا ۱۹

مشکل ۲۵

حامل و مالک ۳۱

تفاوت انجام کار درست و نادرست ۳۷

نیاز و بخشش ۴۷

رنجش ۵۵

نور و تاریکی ۵۹

تغییر و پذیرش ۶۵

انتقاد و ایراد ۶۹

خواستن و خواهش ۸۳

خارهای شخصیتی ۹۱

راه بخشش ۹۵

هفت قانون کورا ۹۷

به نام آفریننده‌ام

عشق خدا به ما، همانند بارش باران است. کاسه‌ات را بردار. سهم امروزت از عشق خدا در این است که بدانی خدا عاشق بی‌نیاز توست.

این را بدان، گناه تو را از خدا جدا می‌کند اما هیچ کس، هیچ چیز و هیچ قدرتی هرگز نمی‌تواند خدا را از تو جدا کند.

خدا را سپاس برای نگارش این کتابم.

تمام نوشته‌هایم، زاییده شده از درون من است، از بابت سال‌های پُر دردم، و حاصل طرد شدن از انسان و نزدیک شدن‌هایم به خداست.

امید که بفهمیم، خدا عاشق ماست؛

عشقی بدون قید و شرط.

آمین

هدف

ارزش هرکس به اندازه ارزش هدف اوست.

هدف تو انگیزه آفرینش توست پس زندگی در هدفی که از خداست راه رفتن با خداست.

پس جایی قرار بگیر که خدا می خواهد. تمامی داده های خدا برایت قبل از بدنیا آمدنت در صندوقچه تو آماده است، برای انجام اراده خدا. جایی باش که خدا می‌خواهد اگر خدا در کوله بار تو وسایل کوه نوردی قرار داده چرا به دنبال پزشک شدن هستی؟

پس دعا کن و بگو: ای خداوندی که مرا آفریده‌ای، هدفت از خلقت من چیست؟ جای مرا به من نشان بده. آمین .

بدبخت ترین انسانها، کسانی هستند که جایی قرار دارند که دیگران می خواهند.

اگر رشد و نوآوری در جایی وجود ندارد به این خاطر است که مردمان، جایی هستند که دیگران می خواهند و دیگران تصمیم می‌گیرند تو جایی باشی که بیشتر از دنیا بهره‌مند شوی. یعنی پولدارتر، زیباتر، قدرتمندتر و غیره. اما خدا می‌خواهد جایی باشی که ببخشی نه آنکه بدست بیاوری. بخشیدن نماد دارا بودن است. خواست خدا این است که تو ماهی‌گیر شوی نه دستانت تا آخر عسر نزد ماهی‌گیر دراز باشد. اگر جایی قرار گرفتی که خدا می‌خواهد پس آنجا پر از رشد، شکوفایی و نوآوری ست. پس اعتبارت افزون می‌شود و بالا می روی پس ناخودآگاه، صاحب قدرت و پول نیز می شوی.

اول خدا بعد اعتبار بعد قدرت و پول

راه خدا پر از سختی های شیرین، همراه با آرامش است.
با خدا بودن یعنی روحانی زندگی کردن و در آسمان همانند پرنده پرواز کردن. کسی در آسمان پرواز می‌کند که هدفش خدا باشد و انجام دادن اراده خداوند.
در آسمان موانع زمینی و سدها برایت بی‌اهمیت می‌شود. سطح آگاهی، هوشیاری، بینایی و سرعت تو بسیار بالا می‌رود. پس آلودگی‌های زمینی کمتر تو را آلوده می‌کنند.
به دنیا به دید مکان و زمان و در یک کلام فرصتی برای انجام اراده خدا که همان هدف توست نگاه کن.
پس وسوسه به سراغ کسی می‌رود که بی هدف است یا از هدف خود دور مانده است. وسوسه برای زمینی هاست در آسمان فقط خداست.
پرنده در آسمان پرواز می‌کند و زمانی به زمین می‌آید که برای رفع نیازش باشد پس به دنیا به دید رفع نیازت بنگر نه رفع طمع‌هایت. جایگاه تو در آسمان است، نه در میان طلاهای مانده در قفس.

خواست خداوند از شکارهایت رفع نیاز توست نه رفع طمع هایت.

یکی از راه های فاصله گرفتن از گناه، در هدف زندگی کردن است.

شوق هدف، دور کننده‌ی وسوسه‌های گناه است.

نزدیک شدن به خدا یعنی از زمین فاصله گرفتن پس مهم طی کردن نیست، مهم پرواز کردن است.

یک متر پرواز کردن، بهتر از صدها مایل دویدن است.

ایمان تو نشان دهنده بزرگی توست. هدف، آفریننده‌ی شوق پرواز کردن است و ایمان بالهای پرواز توست.

کسی که خواهان رسیدن به قله است بزرگی‌اش به اندازه‌ی قله است، اما کسی که هدفش دامنه‌ی کوه است، بزرگی‌اش به همان اندازه است، اگر چه هنوز به آنجا نرسیده است.

سهم تو به اندازه‌ی باورهای توست و نه داشته‌های تو.

مهم وسعت نیست مهم پرواز است.

عقاب بهتر از خرس گریزلی است.

خوشا بحال انسانی که هدفش را یافته است.

تنها صندلی که دارای طمع صندلی‌های دیگر نیست صندلی هدف است.

هدف در طمع تبدیل به شوق برای رسیدن و پرواز کردن می‌شود.

زمین گرد است پس هر جا بروی آخر سر جای اولت هستی. اما پرواز در آسمان، بدون انتهاست زیرا آسمان سقفی ندارد.

علت سردرگمی ات این است که بدنبال جایی هستی که بهتر، زیباتر و بیشتر نمایان شوی تا قدرتمندتر و نام آورتر شوی.

خدا می خواهد تو در همه عرصه های نیکو و درست رشد کنی اما به ترتیب زیر :

خدا ← اعتبار ← قدرت و پول

آن قدر از خداوند قدرت بگیر، تا بر قدرت پول و دنیا حکمرانی کنی.

در هدف آرام و پیوسته، محکم و خجسته گام بر می‌داری.

هدف، تو را مانند فانوسی می‌کند که گم شده‌های دریا را به سمت ساحل هدایت می‌کند. هدف کمک می‌کند در مشکلات آرامتر، بهتر و شادتر حرکت کنی.

علت شکست کشتی‌های زندگی‌ات، نبود فانوس هدف است.

یادت باشد این هدف است که تو را از دل طوفان به سمت ساحل هدایت می‌کند اما طوفان را نابود نمی‌کند.

اعتماد به خدا، کوهها را کوچک نمی‌کند بلکه بالا رفتن از آن را آسان می‌سازد.

هدف مشکلات را نابود نمی‌کند بلکه تو را بر آنها پیروز می‌کند.

وقتی مکان و هدف خودت را پیدا کردی دیگر به دنبال جواب شدن یا نشدن نباش چون از قبل برایت آماده شده است فقط حرکت کن و کنار بگذار، تمام آنهایی که تو را از هدفت جدا می‌کنند. نیروهای منفی نمی‌توانند هدف خدا را از تو بدزدند. مطمئن باش دست هیچ کس به آنها نمی‌رسد. این گنج در دستان خداوند برایت اندوخته شده‌است، به نام خودت. اما آنها می‌توانند تو را از هدفت دور کنند برای همین:

ارزش تو به اندازه‌ی ارزش هدف توست، پس خودت را باور کن.

وقتی زندگی‌ات پر از اشک، درد و ناامیدی می‌شود بدان هدفت را گم کرده‌ای.

اول هدفت را بیاب بعد از خدا کمک بگیر برای حرکت کردن.

هدف های کوچک پله های رسیدن به هدف اصلی تو هستند. برای رسیدن به قله از دامنه عبور کن. برای هر روز که بلند می‌شوی هدف‌هایی را انتخاب کن که در مجموع باعث رسیدن تو به هدف اصلی تو می‌شوند همانند روی هم گذاشتن اجر و در نهایت ساختن خانه ای با هزاران آجر محکم و درست.
اما فراموش مکن هر چه انجام دهی باید زیر بنایش درستی و صداقت باشد.

هرگز در نور بدنبال تاریکی نباش.

وقتی چراغ لتاق را روشـــن کردی تاریکی به درون جایگاه خودش یعنی حفره ها و چاهها فرار می‌کند. وقتی چراغ را خاموش کردی نور به درون مولدش باز می‌گردد. تا نور هست، هرگز تاریکی در حضورش نخواهد ماند.

وجود تاریکی، یعنی نبود نور.

مهم زمان رسیدن به قله نیست. فقط درست گام برداشتن در لحظه‌ی اکنون مهم است.

زمان همانند دریاست نمی توانی آن را بدست آوری یا احاطه کنی اما می توانی بنا به نیازت از آن بهره‌مند شوی. برای انجام هر کاری زمانی است و این فرصت برای توست از آن استفاده کن.

تو سازنده مدت زمان رسیدن به قله ای نه کسی دیگر.

یخ تا مدت زمان خاصی جامد است. فرصت های تو تکرار می‌شوند اما در زمان و مکان خاص خودش و به رنگی دیگر.

برای همین خیلی مهم است فصل‌های زندگی‌ات را بشناسی و از آن به بهترین نحو استفاده کنی.

مجموع درستی ها می‌شود کوه درستی. جنس کوه از سنگ است نه خاک. خاک باعث ریزش کوه می‌شود. پس فقط کار درست را انجام بده.

خدا با درستکاران است نه نادرستان ریاکار.

برای رسیدن به هدف باید شغل داشته باشی. مهم نوع شغل نست مهم فقط هدف است.

هدف تو بزرگتر از شغل توست پس شغلت را در هدفت حل کن.

هدف تو سازنده شغل توست. بهار آفریننده گلهاست پس با یک گل بهار نمی آید.

اگر هدفت از خدا باشد پس حتما انسان بخشنده ای خواهی بود.
دستان خدا گیرنده دست هایی است که پشت سر خداوند هستند.
تمام دنیا به انسـانی تعظیم می‌کند که در هدف خود و جایگاه اصـلی خود که خدا برای او در نظر گرفته قرار دارد.

خم شدن زانوانت به سمت دنیا یا از بی هدفی توست یا از نادرستی اهدافت.

آنچه از خدا می خواهی در میان راه خدا می یابی اول خدا بعد دنیا.

دنیا را برای رسیدن به خدا طلب کن نه خدا را برای رسیدن به دنیا.

در راه خدا مالک دنیا خواهی بود. مالک بخشنده است اما حامل،گیرنده.
خواسـت شـیطان این اسـت که دنیا را به تو بدهد تا خدا را از تو بدزدد و تو را از هدفت دور کند.
اما خواسـت خدا حتما رفع نیازهای توسـت. خدا می‌خواهد تو مالک باشـی نه حامل.
همانند انسان که مالک بدن خویش است.
پرهیزگاران ارزش هدف خود را یافته اند چون جای خود را پیدا کرده‌اند.
پس زدنِ وسوسه‌های لذتبخش و زیبای شیطان نیاز به داشتن بهتر از آن وسوسه ها را دارد یعنی هدف. این را بدان وقتی در مسـیر درسـت هدفت قرار می گیری حتما مسیرت پر از ترس خواهد شد و اگر مسیرت اشتباه باشد پر از لذت خواهد بود.

هر چقدر هدفهایت بزرگتر شد بدان ترسهایت نیز بزرگتر می‌شود تا سرانجام گامهایت بلندتر شود.

آغاز کردن هدف درست همراه با ترس است اما نتیجه اش شادی و پیروزی توست.

آغاز کردن هدف نادرست همراه با بزرگی و لذت است اما نتیجه اش نابودی و شکست توست.

شکست در مسیر هدف درست، بهترین پله های صعود تواند.

از دوست هر چه رسد نیکوست در مسیر درست مواظب باش مغرور نشوی و در مسیر نادرست، گمراه و ناهوشیار نباش.

پس وسوسه سراغ کسانی می‌رود که در مسیر درست هستند اما غرور، آنها را از مسیر درست هدف دور کرده‌است.

پس وسوسه، بهترین آگاه کننده توست از بد رفتنت در مسیر درست.

بهترین دوست تو کسی ست که تو را از مسیر نادرستت آگاه می‌کند مهم نوع آگاهی دادنش نیست. مهم نتیجه آن است.

پس ترس از وسوسه بی معناست. دوست تو، وسوسه‌های توست، نه منبع اصلی وسوسه‌کننده یعنی شیطان.

کسی که عیب های تو را می یابد بهترین کمک‌کننده‌ی توست. حتی اگر نیتش نابودی توست.

وسوسه، آگاه کننده پرهیزگاران است از لغزش های احتمالی مسیر.

وسوسه کننده‌ی اصلی شیطان است اما از طریق انسانها یا موجودات تو را به وسوسه می کشاند.

نیش عقرب نه از بهر کینه است اقتضای طبیعتش این است.

شیطان خواهان نابودی انسان های درستکار است پس با انسان های نادرست تو را به سمت گناه می کشاند. پس بدان دشمن اصلی تو شیطان است نه شخص

نادرست. زیرا او باعث پیدایش عیوبی در تو شده است که مانع ارتباط تو با خداوند شده بود.

خود فروشان گمراه شده در هدف خویشتنند.

بهترین کمک به انسان های گمراه، کمک به آنان برای یافتن هدف اصلی‌شان است. راز مبارزه کردن با انسان های گمراه، محکوم کردن، ایراد گرفتن و زندان کردن آنان نیست بلکه یافتن استعدادهای آنهاست برای درست زندگی کردنشان.
ماهی را هر وقت از آب بگیری تازه است. هدف خدا برای تو همیشه وجود دارد تا زمانی که زنده هستی. هدف های دنیوی تاریخ مصرفشان بسته به زمان توست اما هدف خداوند برایت همیشگی ست فقط شروعی پاک و صادقانه می خواهد.

انجام اراده خداوند مشروط به سن و سال نیست بلکه به خواستنی پر از عشق به خداست.

پس زندان هایی که محکومین خود را در بازیابی اهداف درستشان کمک می‌کنند بهترین یاوران خداوند هستند.

همکار خدا کسی‌ست که نادرستان را برای رسیدن به درستی هدایت می‌کند.

انسان هدفمند خسته می‌شود شکست می خورد اما همچنان حرکت می‌کند و این حرکت فرق بین انسان هدفمند و بی هدف است. پس ادامه بده و حرکت کن.

زالو، متهم به خونخواریست اما در دستان طبیب، شریک و همکار اوست برای شفای مریض.

وسوسه هر چه باشد در دستان خداست و به تو کمک می‌کند تا آلودگی‌های درونی‌ات را بیابی و پاک کنی.

وقتی هدف خود را یافتی فقط حرکت کن نگران مشکلات دنیویات نباش آنها پله های صعود تو هستند نه سقوطت.

خدا نیازهای انسان هدفمند را عطا می‌کند.

مرگ در انتظار انسان‌های بی‌هدف است.

در راه انجام هدف درست، حاجت هیچ استخاره نیست فقط کار درست را انجام بده و برو. در مسیر اهداف آسمانی کسانی بر سر راهت قرار می‌گیرند که به تو برای رسیدن به هدف کمک می‌کنند پس به او که در مسیر تو قرار داده شده است ایراد نگیر و قضاوتش نکن.

هوشیار باش در راه هدف از صاحب هدف جدا نشوی.

غرور متعلق به انسان ناهوشیار است.

حکمت و بینایی تو را از غرور آگاه می‌کند و خدمت کردن تو را از غرور جدا می‌کند.

برای انسانی که دارای هدف است دویدن و عجله کردن بی معناست. هیچ چیز برای او مهم نیست الا رسیدن به هدف. گام‌های انسان هدفمند، مستحکم، استوار، آهسته اما پیوسته است.

چقدر بدبختند انسان‌هایی که هدف خود را نیابند و تمام ابزارآلاتی را که خداوند قبل از تولدشان برایشان مهیا ساخته است برای رسیدنشان به هدف درست را در بسته تحویل می‌گیرند و دربسته به گور می‌برند.

هدف را به پول مفروش. پول را برای رسیدن به هدف خرج کن.

در نمره ۱۰۰ نمره ۹۰ وجود دارد اما در نمره ۹۰ هرگز نمره ۱۰۰ وجود ندارد. در پول، هدف نیست اما در هدف حتما پول هست.

هدف تو بالاتر از پول است.

راز آرامش درونی، رسیدن از درون و یافتن هدف است.

هیچ چیز بیرونی نمی‌توانند جای گزین هدف درون تو باشـــد. در هدف درونی، تو ارضـــای کامل می‌شـــوی پس آرام و قرار می‌گیری پس خود کم بینی به ســـراغت نمی‌آید. اما در صورت مغرور شدن حتما خود بزرگ بین می شوی.

اگر از زندگی‌ات راضـی نیسـتی حتما جایی قرار داری که نباید باشـی. جایت را پیدا کن.

هیچ کجا خانه خود آدم نمی‌شود،خانه تو درون هدف توست.

هدف خدا به تو آرامش می‌دهد اما هدف های غیر خدا به تو آسایش می‌دهد.

آرامش، راز رضایت در آسایشگاه توست.

تمام قدرت زمین و زمان پشت انسانی است که در راه رسیدن به اهداف خود که از خداست حرکت می کند.

وقتی در مسـیر هدف درسـتت قرار گرفتی مطمئناً روبرویت، سـدها و موانع عظیم و شـاید وحشـتناکی ببینی که شـاید لرزه به زانوانت بیندازد. اما این را بدان وقتی در مسیر هدف خدا قرار بگیری و حرکت کنی تمام موانع و سدها یکی یکی فتح پاهای تو می‌شوند.

اما این تو نیستی که این کار را می کنی بلکه خداست که این فتح های عظیم را به تو می‌بخشد.

از تو حرکت از خدا برکت.

برکات خدا رفع کننده تمام سد های مسیر هدف درست توست و پوشاننده چاله‌های آن

قبل از رسیدن به رکورد جهانی دو و میدانی، باید رکورد شهر و کشورت را بشکنی. پس تمام مشکلات، سدها و موانع برای رشد دادن توست تا در زمان رسیدن به هدف کاملاً ظرفیت آن را داشته باشی.

مدال قهرمان، ظرفیت اوست.

ظرفیت، مانع غرور در توست.

ظرفیت پر از حکمت است که مانع جدایی تو از خداوند می‌شود.
تو به اندازه هر گامی که به سمت هدفت بر می داری بزرگتر و بلندتر می شوی و اگر در مسیر غیر خدا حرکت کنی هر گامت تو را کوچکتر وضعیفتر می‌کند چون از خدا دورتر می شوی.

انسان های با خدا، انسان های بزرگی هستند که نمایان نیستند الا در زمان حرکت کردنشان.

شیطان با ایجاد موانع بر سر راه تو، در درونت ترس ایجاد می‌کند تا حرکت نکنی اما خداوند شوق رسیدن به هدف را در تو می‌آفریند تا حرکت کنی، عدو شود سبب خیر اگر خدا خواهد.
پس تمام مشکلات و موانع تو را بزرگتر می‌کند و این حکمت خداست.

راز پیروزی و گام نهادن بر ترس، ایمان به هدف است.

اول ایمان بعد حرکت.

هرگز بدون ایمان پا به مسیر مگذار.

کسی که به خدا ایمان دارد در مسیر هدف خویش، حتماً شکست می خورد اما نابود نمی‌شود زیرا همه چیز به خیریت او در کار است.

برای انسان هدفمند، تشنگی در بیابان عادی است اما مردن، غیر عادی است.

یکی از نشانه‌های درست بودن مسیرت وجود ترس‌های مسیر است اما قبل از حرکت کردن .
شاید هیچ نقطه امیدی نمی بینی و همه چیز برایت از دید انسانی کاملا غیر ممکن است.

خداوند آفریننده‌ی ممکن‌هاست در مسیر ناممکن ها، برای پیروان خویش.

اگر در مسیر قلعه حرکت نکنی درب قلعه را نمی بینی و این خداست که آن را برایت باز می‌کند، حرکت کردن سهم تو و باز کردن درب های مسیر، سهم خداست. اما فراموش نکن تو انسان هستی اما خدا، خداست. علت توقف ما در مسیر فقط این است که جای این دو را با هم اشتباه می‌گیریم.

پل های آسمانی آفریده و پل های زمینی ساخته می‌شوند و این تفاوت بین آنهاست.

در مسیر خدا منتظر معجزه باش نه ساخته شدن های انسانی. هدف خدا پایان پذیر نیست پس هر روز، روز شکوفا شدن توست زیرا در مسیر رسیدن به خدا هرگز سقفی وجود ندارد. هر متر از مسیر خدا را طی کنی تازه‌تر و شکوفاتر می شوی.

در حرکت کردن به سمت هدف خدا، یک چیز را خلق می‌کنی اما در مسیر هدف غیر خدا، حتماً داشته‌هایت از دست می‌رود.

برای داشتن نعمت های خداوند باید هر آنچه غیر اوست را از دست بدهی.

ای کاش اینقدر که به فکر بدست آوردن خدا بودیم به فکر تمیز کردن و پیدا کردن جای او در خودمان بودیم.

یافتن و داشتن خدا مهم است اما انگیزه‌ات از داشتن خدا چیست؟
انسانی که تشنه نیست با یافتن آب یا آن را احتکار می‌کند یا اسراف. تمامی دردها و مشکلات زندگی‌ات برای این است که تشنه شوی برای حضور خداوند. پس،

هدایایت به دیگران از نوع نیاز آنان باشد نه از نوع تایید شدن خودت.

در مسیر شیطان باید برای کسب لذت، داشته ها و حتی خودت را نیز بفروشی.

در تمام طول مسیر هدف درستت، خودخواه باش تا کسی تو را از هدفت جدا نکند و این خودخواهی از خداخواهی ست.

انسان ها در خداوند حتما با هم متحد هستند اما در جدایی از خداوند هرگز اتحاد قلبی وجود ندارد.

مهم جایگاه تو نزد انسان ها نیست مهم جایگاه تو نزد خداست.

کبوتر با کبوتر، باز با باز، دوستان و همراهان حقیقی تو کسانی هستند که یا شریک هدف تو هستند یا کمک کننده تو هستند برای رسیدن به اهدافت.

تمام کسانی که در رسیدن تو به اهدافت، یاری رسان تواند شریک حقیقی توهستند.

هم نشینان تو، هم باوران تو هستند.

آمین

حرکت از تو، برکت از خدا

جایگاه B آبستن جایگاه A است.
و جایگاه C آبستن جایگاه‌های A و B است.

$$\begin{cases} \text{جایگاه } A = \text{دعا} = \text{روح} \\ \text{جایگاه } B = \text{حرکت} = \text{نفس} \\ \text{جایگاه } C = \text{بدست آوردن} = \text{جسم} \end{cases}$$

یعنی خواستن، به عبارت دیگر، توانستن میوه‌ی خواستن است.

تمایل و خواستن همانند خون است در رگهای تو، نبود تمایل یعنی مردن

انجام دادن حرکت یا جایگاه (B) بستگی به جایگاه A یا دعاهایت دارد.
پیشرفت یعنی بدست آوردن و فتح سرزمین جایگاه (C)
C جایگاه پاداش و برکات توست که خدا به تو می‌دهد و میوه‌ی ایمان توست.
جایگاه A یعنی از روی ایمانی پُر از خواستن دعا کردن، و جایگاه B یعنی از روی ایمانی پُر از خواستن حرکت کردن.

دعای بدون ایمان، سکون است و حرکت، مدیون دعای پُر از ایمان توست پس بهترین دعا: باور کردن و اعتماد داشتن است.

گام‌های رونده، پُر از ایمان و اعتماد به خداست.

وجود C وابسته‌ی وجود B است و وجود B وابسته ی وجود A است. بهترین دعا برای خود، فقط حرکت کردن با اعتماد و ایمان است. بهترین دعا برای دیگری، با ایمان برایش دعا کردن است.

۱- اعتماد به خدا ربطی به دیدن و شنیدن ندارد.

۲- اعتماد به غیر خدا وابسته ی دیدن و شنیدن و لمس کردن است.

در قسمت ۱، هرگز پلی دیده نمی شود اما وقتی در مسیر گام نِهی به اندازه‌ی چند گام بعدی‌ات پل آفریده می‌شود. هر چه جلوتر بروی مقدار بیشتری از پل نمایان شده و آن را فتح می‌کنی.

در قسمت ۲، حتماً باید پل ساخته شود و امتحان شود تا روی آن گام بگذاری.

پس مهمترین چیز، اعتماد به خداست.

کسی که اعتماد ندارد، در جایگاه A، اسیر ترس فلج‌کننده‌ای می‌شود اما به محض برداشتن اولین گام، مقدار ترس و فتح او به میزان مسافت طی شده‌اش کمتر و بیشتر می‌شود.

بزرگترین عبادت، اعتماد به خداست.

کسی که در دو راهی زندگی اسیر است همیشه یک راهش به سراب ختم می‌شود و یک راهش به چشمه‌ی آب.

تشخیص این دو فقط در پَس حرکت کردن‌های او میسر است.

نکته‌ی مهم این است که آیا تو می‌خواهی در این مسیر گام بگذاری یا نه؟ آیا این مسیر را خودت انتخاب کرده‌ای یا دیگران برایت انتخاب کرده‌اند؟ پس خیلی مهم است که تو چه چیزی را می‌خواهی؟ بخواهید تا به شما داده شود.

باور کردن، آغشته به ایمان است و ایمان تبدیل به حرکت کردن می‌شود. پس به معنای حرکت کردن است و حرکت کردن، پُر از خواستن است که تولید توانستن می‌کند. پس:

در دستان توست هر آنچه قدرت برداشتن آن را داری.

حرکت نکردن یعنی ایستادن، پس دو پایت کنار همدیگر در یک جا قرار دارند.

اولین گام نماد خواستن و دعای با ایمان است.

سهم تو از زمین به اندازه‌ی برداشتن گام بعدی است و گام‌های بیشتر، یعنی فتح‌های بیشتر.

ایمان یا هست یا نیست. اگر نیست که هیچ، ولی اگر هست یا سست است یا مستحکم. ایمان در دنیای روحانی‌ست، همانند نور و تاریکی. هر جا که نور هست، تاریکی نیست و هر جا که تاریکی هست، نور نیست. در روح، چیزی کم یا زیاد نمی‌شود. یا هست یا نیست. در جسم، ایمان شروع به رشد می‌کند. اگر ایمانی نباشد، رشدی هم وجود ندارد. ایمان یا ضعیف و سست می‌شود یا قوی و مستحکم. با حرکت کردن در مسیر، سستی ایمانت رو به استحکام می‌رود. ایمان همانند دانه‌ای از دل زمین بیرون زده و رشد می‌کند. ایمان نداشتن یعنی حرکت نکردن. پس حرکت کردن نماد ایمان داشتن است.

مؤثرترین دعا، حرکت کردن و آغاز کردن است.

فتح سرزمین‌های بسیار، حاصل حرکت کردن گام‌های توست نه لب‌های تو.

دعای مرد با ایمان پُر از شکرگزاری‌ست همراه با حرکت کردن، چون به خدا اعتماد دارد.

مالکیت تو از سرزمین‌ها به اندازه‌ی داشتن خداوند در تو است. اگر خدا را داشته باشی تمام داشته‌هایت عضو بدن توست. پس ترسی از بابت دزدیده شدن آن‌ها نداری. خداوند همانند چسب خیلی قوی عمل می‌کنند.

خداوند خواستار مالکیت هر چه بیشتر توست و دریافت بیشترها، در گرو سپردن‌های توست. سپردن در زمانی انجام می‌گیرد و معنا پیدا می‌کند که شخص جایگاه‌های A و B را طی کرده باشد. جایگاه A و B همانند پای راست و پای چپ توست که جایگاه C می‌شود میزان زمین طی شده زیر گام‌های تو.

ایمان به خدا در پسِ حرکت‌های توست. خدای تو، هنر خود را در بعد از حرکت کردن‌های تو رو می‌کند. آیا هست، آیا نیست ...

دیگران جذب حرکت کردن‌های تو می‌شوند که می‌توانند حرکت کنند نه گویندگی تو.

ایمان تو برای دیگران، بر طبق جاذبه عمل می‌کند نه تبلیغ.

پس بزرگترین تبلیغ، طی کردن جایگاه‌های A و B است.

جایگاه A و B سهم توست و C سهم خدا. از تو حرکت، از خدا برکت.

در راه خدا حرف همراه با عمل است اگر گفتی ایمان داری پس حرکت کرده‌ای.

حرکت نکردن بهتر از دعای بدون ایمان است.

پس مهم‌ترین موضوع فقط حرکت کردن است. فرق انسان زنده با انسان مرده در حرکت کردن است.

اگر زنده‌ای حرکت کن، مسیر برایت باز می‌شود. تورت را بیانداز. آوردن ماهی در تور تو سهم خداست.

تمایل همان امید است و سوختی است برای ادامه دادن. پس در دعاهایت طلب تمایل کن.

شکست‌ها تسویه کننده‌ی خواسته‌های توست. اگر مسیر از توست و خواهان آن هستی شکست باعث قوی‌تر شدن ایمانت و ادامه دادنت می‌شود. اگر خواهان آن مسیر نیستی شکست باعث جدا شدنت از این مسیر می‌شود. در هر صورت به نفع توست.

وقتی بدانی کسی در خانه است پی در پی در خواهی زد پس اگر تردید داشته باشی با چند ضربه به در زدن، رها می‌کنی و می‌روی.

پس در مسیر خواسته‌هایت درب منزل خدا را محکم و مداوم بزن تا درب را باز کند. او خانه است و البته منتظر تو.

دیر باز کردن درب به این خاطر است که می‌خواهد به تو بفهماند آیا از داشتن این خواسته‌ای که از من داری، مطمئن هستی؟

شکست همانند پله است، شکست‌های بیشتر، یعنی پله‌های بیشتر؛ پس بلندتر است. پس سکوی پیروزی‌ات بالاتر است. پس به شکست‌ها نگاه نکن، به سکوی بلندترت بنگر. یادت باشد گرفتن برکات بیشتر مستلزم داشتن ایمان مستحکم تر است و ایمان در شکست‌ها قوی‌تر می‌شود.

شکست همانند ریشه است و ایمان یعنی درخت روی آن. پس شکست بیشتر یعنی درخت ایمانت قوی‌تر و بلندتر می‌شود تا میوه‌های فراوان‌تری بدهی. یک نهال دو کیلو سیب دارد اما یک درخت ده ساله ۵۰۰ کیلو سیب می‌دهد.

مشکل

هر چقدر که انسان رشد می‌کند، میزان مشکلات او نیز باید زیادتر بشود تا از خدا جدا نشود.

هدف و نیاز انسان، رسیدن به خداست پس سنگینی مشکلات تو را به سمت خدا بالا می‌برد. مشکلات از جنس خدا نیستند زیرا در با خدا بودن، هیچ مشکلی نیست. جنس مشکل از غیر خدا و دنیاست و هدف از آمدن مشکل، بالا بردن توست به سمت خداوند.

پس اگر حقیقت را نبینی از مشکلات می ترسی. پس حقیقت اصلی فقط این است که همه چیز در دستان خداوند است و من به خداوند اعتماد دارم.

اجازه‌ی ورود مشکلات، از سمت خداست و جنس مشکلات از جنس زمین و دنیاست و هدف از مشکل، جدا شدن انسان از دنیاست.

عکس العمل انسان در برابر مشکلات به دو صورت است:
اول، از دنیا دل می‌کَنَد و به خدا اعتماد می‌کند. پس مشکلات او هرچقدر سنگین‌تر و شدیدتر باشد او به خدا نزدیک‌تر می‌شود.

اعتماد به خدا، یعنی بی‌توجهی به مشکلات و توکل نکردن به غیر خدا.

دوم، در مشکلات می‌ترسد و برای فرار از آن به غیر خدا روی می‌آورد.
زندگی بدون مشکل باور اشتباهی است که باید عوض بشود. شیطان یا قدرت منفی، مشکلات تو را با پول حل می‌کند تا تو از خدا جدا شوی. اما خداوند اجازه می‌دهد مشکلات در زندگی تو بیاید تا به سمت او بالا بروی.
انسان آفریده شده تا به سمت خداوند حرکت کند و جنس مشکل از جنس دنیاست. کبوتر با کبوتر، باز با باز، کند هم جنس با هم جنس پرواز.
راز خلاص شدن و تمام شدن این مشکلات، اعتماد به خداوند و رهائی از تلاش بیهوده‌ی انسانی‌ست تا مشکل تو به جایگاه غیر خدا که هم جنس خودش است بازگردد و تو به سمت خدا که هم شکل او هستی بالا بروی.
ظرفیت تو به اندازه‌ی سنگینی توست و مشکلات تو باید سنگین‌تر از ظرفیت تو باشد تا تو از تلاش انسانی خودت دست شسته و با سپردن و اعتماد به خداوند به سمت بالا حرکت کنی و بالا برده شوی. خود سنگینی مشکل تو را به سمت خدا بالا می‌برد.

فرار از مشکلات، یعنی فرار از خداوند و دور شدن از او

هر چقدر که مشکلات ما عظیم‌تر، حادتر، خطرناک‌تر و ناامید کننده‌تر باشد، با اعتماد کردن به خداوند، حضور ما در مشکلات کم رنگ‌تر و حضور خدا پررنگ‌تر می‌شود و ما سوار بر مشکلات خواهیم بود.

ظلمت و تاریکی نشان دهنده ی حضور پر عظمت نور است. فرار از تاریکی، از دست دادن نور است. سخت ترین مشکلات برای آشکار شدن قدرت خداست. از مشکلات نهراسید و فرار نکنید.

اشتباهات، لغزش‌ها و گناهان ما همه از جنس مشکلات هستند ولی هر روز ما با مشکلی جدید روبرو می شویم. جنس مشکلات یکی است ولی به رنگ‌های متفاوتی هستند. فرار کردن ما از رنگ‌ها بی معناست.

مگذارید گناهان، اشتباهات و لغزش‌هایتان، شما را از انجام کار درست باز دارد.

در هر مشکلی که باشیم خدا آنجاست و وظیفه‌ی ما انجام کار درست است. ترس از مشکلات نتیجه‌ی نشناختن و اعتماد نکردن به خداست پس سبب فرار به سمت لذت‌ها و عادت‌های دنیوی می شود.

تکیه کردن بر تلاش انسانی خود و دیگران در مشکلات، تلاشی بیهوده و بی معناست و رو به سوی شکست و نا امیدی است. فقط باور کن که همه چیز در دستان خداوند است.

اعتماد نکردن به خدا در مشکلات ←(تبدیل می‌شود به)← ترس ←(تبدیل می‌شود به)← تلاش بیهوده ←(تبدیل می‌شود به)← ناامیدی و شکست ←(تبدیل می‌شود به)← فرار ←(تبدیل می‌شود به)← پناه بردن به لذات ←(تبدیل می‌شود به)← غرق شدن بیشتر در اعماق تاریکی بدون حضور خداوند

انسان فروتن به خدا اعتماد می کند و انسان مغرور به خودش و غیر خدا

۲۸/ کلینیک شادی و آرامش

در دنیا انسان فروتن پائین‌تر از انسان مغرور قرار می‌گیرد اما در نزد خدا این انسان فروتن است که بالاتر است.

ترس متعلق به دنیا دوستان است.

ساعت شنی

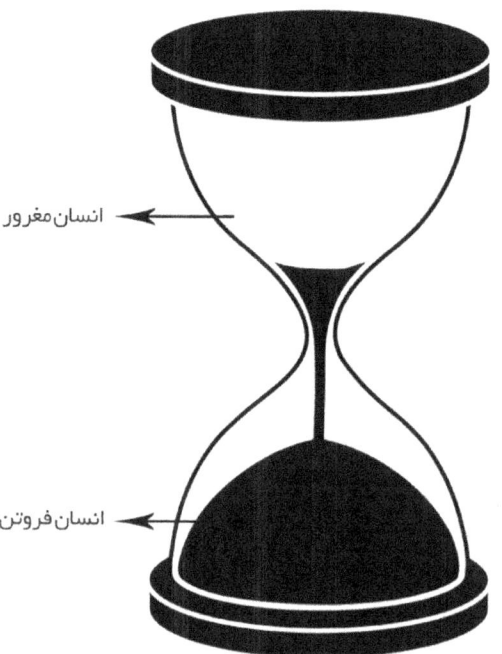

در ساعت شنی این قسمت پائینی‌ست که همیشه پُر است و قسمت بالائی خالیست.

مهم بالا و پائین بودن در زندگی نیست، مهم پُر بودن است.

انسان فروتن پائین‌تر است اما پُر تر و شجاع‌تر، ولی انسان مغرور بالاتر است اما تو خالی و ترسوست. او خود را بالاتر از دیگران می بیند.

او دیگران را کوچکتر از خود می بیند زیرا فاصله‌ی او با دیگران زیاد است. پس تنها و منزوی است.

آهن ربا، آهن را جذب می‌کند. دنیا نیز مشکل انسان را به خود جذب می‌کند. وابستگی تو به مشکلات، باعث سقوط تو می شود.

انسان در اوج مشکلاتش اسیر ترس و وحشت فلج‌کننده‌ای می شود که او را از هرگونه حرکت و تلاشی جدا می کند. پس اکنون نوبت حضور خداست.

بیشترین ترس ما در اوج مشکلات، برآورده نشدن اعتماد ما از جانب غیرخداهاست. ما از تکیه کردن به خدا می ترسیم.

ترس از سلول انفرادی، ترس از با خدا تنها شدن است. جنس بناها یکی است.

زندگی انسان همانند کسانی است که در آب قرار دارند و برای روی آب ماندن و زنده ماندن باید رها کنند.

شرط رهائی تو از مشکلاتت، رها کردن آن هاست. تا ندهی آزاد نمی شوی. ما آمده‌ایم تا رها کنیم و ببخشیم، نه اینکه جمع کنیم و اسیر شویم.

اسیری و آزادی تو بستگی به میزان تعلقاتت دارد.

«طرد شدن از دنیا و انسانها، تو را به جاده‌ی تنهائی و ترسی می‌کشاند که مقصدش خداست.»

رها شدن آغاز پیوستن است

«پس به مشکلاتتان اجازه‌ی حضور بدهید زیرا نشان‌دهنده‌ی آمدن حضور خداست.»

آمدن ابر و باد یعنی ناپدید شدن نور خورشید ولی پدیدآورنده‌ی برکتی‌ست به نام باران و برف.

تاریکی حقیقی دور شدن از نور خداوند است و تاریکی غیر حقیقی، آغاز حضور برکت خداست.

هر بار که انسان در مشکلی به سمت خدا بالا می‌رود ظرفیت او زیادتر شده و رشد می‌کند پس وزنش زیاد می‌شود. اهمیت هر مشکلی به وزن او نسبت به تو بستگی دارد و شرط پیروزی تو بر آن، اعتماد به خداست و با حضور خداوند، جایگاه تو سنگین‌تر شده و اهمیت مشکلت از بین می رود. پس اگر ما به سمت غیر خدا برویم و از خدا جدا شویم خداوند با اجازه‌ی ورود مشکلات به زندگی ما و سنگین تر شدن و حادتر شدن آن مشکلات نسبت به ما باعث جدا شدن غیر خداها از ما می‌شود و این لطف خداست.

راه‌ها و فکرهای خداوند با راه‌ها و فکرهای ما متفاوت است.

آمین

حامل و مالک

شیطان حامل است و خداوند مالک.
شیطان حامل دنیاست و خوب می‌داند که باید این دنیا که الان حاکم آن است را روزی بگذارد و به چاه هاویه افکنده شود. البته قلمرو حکومت شیطان به تعداد انسان هایی است که از طریق درونشان به آنها حکومت می کند. نفس، سفارت‌خانه‌ی شیطان است. اعتماد به‌نفس، بزرگترین دروغ شیطان است. کلمه‌ی اعتماد فقط مختص خداست.
او از یک ترفند بخصوص برای انسانها استفاده می کند. به آنها پول، قدرت، زیبایی، اعتبار، آسایش، شادی و ... می دهد و از آنها خداوند، نجات، عمر و ملکوت را می‌دزدد. انسانها در حیات خود با اینها سرگرم می شوند و فکر می‌کنند که مالک اینها هستند ولی در حقیقت همگی حامل هستند. چون از یک سالگی تا ۱۰۰ سالگی نگهبان و نگهدارنده هستند و بعد می میرند و آن چیزی را که حامل آن بوده‌اند از آن‌ها گرفته می‌شود و به دیگری داده می‌شود و خودش دست خالی به آن طرف برده می‌شود. چون هر آنچه متعلق به این دنیاست، اینجا گذاشته می‌شود و آنچه متعلق به ملکوت باشد، به آنجا برده خواهد شد.
آنچه پرهیزگاران مالک آن هستند، در این دنیا به چشم نمی‌آید، چرا که گنجی است متعلق به آن دنیا و هر آنچه حامل آن هستیم آشکار و هویداست. چون از جنس این دنیاست. دنیا شما را مسخره می کند چون حامل نیستید، فقیرید، چیزی ندارید، هم شکل دنیا و مردم نیستید اما خداوند می گوید خوشحال باشید چون در آن دنیا، خوشبختی و ملکوت من از آنِ شماست.
چیزی که خداوند به تو می دهد پس نمی گیرد چون مالک آن هستی و چیزی که شیطان به تو می دهد از تو پس گرفته خواهد شد چون حامل هستی.

کسی که مالک است به تو می بخشد بدون آن که از تو پس بگیرد و نشان می دهد که دارای محبت است. اگر حامل باشد و به تو بدهد و پس بگیرد نشان می‌دهد دروغگو است.

چیزی که خداوند می‌بخشد باعث شادی، آرامش و بنای توست. اما چیزی که شیطان به تو می دهد باعث نگرانی، ترس، طمع و ... در توست.

چیزی که خدا می بخشد باعث شکوفا شدنِ عمل و گفتار نیکو در توست که باعث جلال نام خداوند است.

و چیزی که شیطان می دهد باعث جدایی و نفرت، باعث شکوفا شدن میوه های نفس و جلال نام شیطان است.

وقتی در حال حرکت کردن در مسیر راست و درست خداوند هستی در حقیقت درحال گرفتن و پنهان کردن گنج خود در آسمان هستی. اما در همان حال در دنیا هم هستی. پس شیطان با هدیه ای از جنس دنیا که حامل است به سوی تو می آید و اگر تو آنرا قبول کنی از مسیر راست خداوند وارد مسیر دایره ای شکل شیطان می شوی و تو در تمام عمرت در این مسیر می چرخی تا بمیری بدون اینکه مالک آن شوی. در واقع تو اسیر آن هستی و بعد از تو به دیگری و دیگری خواهد رسید.

غالبا اکثر ناراحتی‌های ما به این علت است که در گنجمان حامل پیدا می شود و شیطان از این حامل ها به ما حمله می کند. این را بدان هر که بخاطر خدا از مال، زن، بچه و ... بگذرد در همین عصر چند برابر بدست می آورد و در عصر آینده هم از حیات جاویدان بهره مند می شود. گذشتن از داشته‌ها برای خدا به معنای سپردن آن‌هاست و نسپردن، یعنی بُت کردن آن‌ها.

عشق، آفریدن آزادی‌ست و وابستگی، آغاز بت‌پرستی

خیلی از ماها به خاطر حامل های زندگیمان درد می کشیم و حاضر نیستیم به خاطر خدا از آنها بگذریم. باید همیشه به خدا وفادار بمانیم. آیا حال خراب تو از حامل هاست؟ اگر هست، آن قسمت را رها کن و به خدا بسپار.

خداوند در زمین ما گندم کاشته است اما شیطان در آن خار می رویاند و این خارها همان حامل ها هستند و اگر خداوند بخواهد خارها را بکند شاید گندمها نیز با آنها کنده شوند و به تو آسیب برسد.

یعنی اگر حامل های زندگی ات را خداوند الآن بکند شاید طاقت نداشته باشی، برای همین خداوند حتما می گوید که دست نگه دار. پس با رشد کردن در خداوند، مالک می‌شویم و حامل‌ها از ما جدا می‌شوند.

حامل‌ها لباس سفید ما را لکه دار میکند پس هر لحظه که حالمان خراب شد و از خدا فاصله گرفتیم باید بدانیم که حاملی در زندگی ماست.

چرا برای لباس و پوشاک غصه می خورید؟ یا نگران فردا هستید؟ آیا ارزش شما بیشتر از دنیا نیست؟ خداوند به شما برکت عطا کرده که اگر حامل‌های شیطان را با آن مقایسه کنید می فهمید که حاملها چقدر بی ارزشند. البته خداوند می خواهد ماشین، خانه، کار، پول و ... را به ما به تمامی بدهد اما به وقتش. معنی اطمینان و اعتماد این است که خواسته ای را به خداوند بسپاری که برایت خیلی عزیز است، در حالی که چیزی از اجابت شدن آنرا نمی بینی، اما می‌دانی که خداوند حتما آنرا به تو عطا می کند چون به وعده هایش امین است پس اگر من اطمینان به خداوند دارم باید ساعت خود را باز کنم. چون اگر بسپارم و زمان برایش مشخص کنم یعنی هرگز به خدا اطمینان ندارم و او را هرگز نشناخته ام. خداوند بخشاینده ی مهربان و پر محبت است. پس آرزوی خود را دور نینداز، بگذار خداوند عمل کند. خدا از تو میخواهد با سرعت ۵ کیلومتر بر ساعت حرکت کنی اما تو با سرعت ۲۰۵ کیلومتر بر ساعت حرکت می‌کنی، در حالی که ظرفیت تو کامل نشده و شکست می‌خوری. پس اگر آرزویت را زودتر از وقتش بدست آوری، می‌شود حامل و آن حامل بزرگترین دشمن تو می‌شود چون تو را از خداوند دور می‌کند.

یک پدر خوب تمام آرزوهای فرزندش را می پرسد و کنار می گذارد و به آنها فکر می کند و از طرف دیگر تمام آرزوهای خودش را کنار می گذارد و این دو را با هم مقایسه می کند و هر کدام را که به صلاح فرزندش باشد به او می دهد.
مطمئنا در این صلاح برای فرزند، بهترین هاست. خدا اینگونه صلاح ما را می داند.
شیطان هم تمام آرزوهای تو را می داند و خواسته های خودش را نیز برای تو می داند و آنها را با هم مقایسه می کند و آن چیزی را به تو می دهد که باعث زوال و نابودی تو شود هر چند خیلی زود آرزویت را بدهد و تو از آن لذت ببری اما می شوی حکایت کسی که در چاهی افتاد و به شاخه ای گیر کرد و عوض نجات خودش، در حال چشیدن عسل شد تا افتاد و هلاک شد.
تمام کسانی که در گناه می‌میرند در دنیا با حامل‌ها بوده‌لند و بعد از مردنشان دیگران به آنها افتخار می کنند! چرا؟ چون دنیا به حامل تو نگاه می کند و به آن فخر می کند اما ما به خداوند یکتا افتخار می کنیم.

شیطان می خواهد با حاملها آن دنیا را نیز از الان به نامت بزند.

حامل های شیطان را پیدا کن و از آن ها رها شو و در عوض آرزوهایت را با ایمان و اعتقاد و اطمینان کامل به خداوند بسپار و بدان او با اشتیاق منتظر برآورده کردن آرزوهای توست. اما به وقتش.
اگر جانتان را حفظ کنید آن را از دست خواهید داد. اگر حاملی را برای خودتان نگه دارید آنرا در نهایت از دست خواهید داد. حامل ها مثل حباب هستند که فقط وقت تو را می گیرند و نمی گذارند پرواز کنی.
همانطور که بهترین غذا را به مهملنت هدیه می دهی، بهترینت را به خداوند هدیه کن. جانت را به خدا بسپار.
خداوند آرزوهایت را برآورده می سازد و شیطان هم شاید آرزوهایت را برآورده کند، اما خداوند تو را مالک آرزوهایت می کند اما شیطان تو را حامل آرزوهایت می کند و به تو درد می دهد.

وقتی مالک هستی حکمرانی می کنی ولی اگر حامل باشی این تو هستی که می‌ترسی و نگران هستی بابت از دست دادن این حامل و تمام تلاشت برای نگه داشتن آن بی فایده است. چون روزی آن را می‌گذاری و دست خالی می‌روی. با خدا باش و پادشاهی کن، بی خدا باش و هر چه خواهی کن. مالک ایستاده است و ترسی برای از دست دادن اموالش ندارد. اما حامل همیشه در حال راه رفتن است. سند همیشه بنام مالک ثبت شده است ولی برای حامل نه، پس او همیشه نگران است.

مالک باش ، نه حامل

آمین

تفاوت انجام کار درست و نادرست

همیشه کار درست را انجام دهید، مبادا بخاطر انجام کار نادرست بخواهید عذرخواهی کنید و خجالت بکشید.

انسان فروتن همیشه کار درست را انجام می دهد و رفتار خوب یا بد دیگران در قبال انجام دادن کار درست او باعث بیشتر رشد کردن او می شود. زیرا هم عیوب و نقص‌های خودش را پیدا می کند و هم تشویق می‌شود.

اگر عیب از شخص روبرو باشد، برای او این ضرب المثل شکل می‌گیرد که، ادب از که آموختی، از بی ادبان.

انسان فروتن کسی است که عیب ها و گناهان خودش را می جوید و هر کسی که به او در پیدا کردن این عیوب کمک می کند دوست حقیقی اوست.

انسان ها از کسانی که ضعف های آنان را می گویند متنفرند پس کسانی را به دور خود جمع می کنند که آنها را تأیید کنند.

انسان درستکار هرگز از بابت انجام کار درست از کسی عذرخواهی نمی کند زیرا این عمل او یعنی عذرخواهی کردن، به این معناست که کارش اشتباه بوده است.

انسان فروتن بر روی کار درست خود می ایستد. پس قبل از انجام هر کاری لازم است که بدانیم آیا این کار درست است یا نادرست.

اگر درست است آنرا با شجاعت انجام دهیم و برای انجام آن فکر و تأخیر نکنیم. با انجام کار درست، خدا پشتت قرار می‌گیرد پس صاحب قدرت خدا می‌شوی و دیگر برایت مهم نیست دیگران در موردت چه می گویند یا چه می کنند.

به گونه‌ای زندگی نکنید تا دیگران بدشان بیاید یا خوششان بیاید.

هدف تو انجام کار درست باشد. شخص در هنگام انجام کار نادرست پُر از ترس می‌شود و برای فرار از این ترس باز به گناه کشیده می شود زیرا میوه ی انجام کار نادرست، ترس و احساس گناه است. اما قبل از انجام کار درست نیز شاید ترس به سراغش بیاید.

وقتی کار درست را می خواهیم انجام دهیم ترس از بیرون به سمت درون ما حرکت می کند. و وقتی کار نادرست را انجام می دهیم ترس از درون آغاز می شود.

ریشه های ترس، "غرور، پیش‌گوئی و قضاوت کردن" است. یعنی قصاص قبل از جنایت.

این دعا را همیشه به یاد داشته باش و زمزمه کن.

خداوندا

« قدرتی عطا فرما تا کار نادرست را انجام ندهم و شهامتی تا کار درست را انجام دهم و حکمتی عطا فرما تا تفاوت این دو را بدانم.»

یعنی برای انجام ندادن کار نادرست ما نیاز به کسب قدرت از سمت خدا را داریم. پس زور زدن انسان برای پاک زیستن یا انجام ندادن کار نادرست بیهوده است. پس رو به شکست و محکومیت است.

پس برای انجام کار درست نیاز به شجاعت داریم و حکمت همچون تابلوئی است که شخص را قبل از رسیدن به دوراهی کار درست و نادرست از مسیر خداوند که همان کار درست است آگاه می سازد.

تمام کوچه های شیطان بن بست است.

با خدا بودن، آغاز جدا شدن از غیر اوست.

بلند شدن بالن از زمین نیاز به یک فشار اولیه دارد و خدا همان فشار اول است. برای جدا شدنت از گناه.

قسمت اول: ما وقتی کار نادرست را انجام می‌دهیم در ترس قرار می‌گیریم. زیرا می دانیم و میفهمیم اشتباه است.

قسمت دوم: اما چرا قبل از انجام کار درست هم می ترسیم.

در قسمت اول: ترس از درون به ما می رسد زیرا مسبب آن خودمان هستیم پس با پذیرش اشتباه و انجام کار درست این ترس از بین می رود.

در قسمت دوم علت این ترس که از بیرون می‌آید به خاطر پیش‌گویی کردن خود ماست که می گوید تو حتما شکست می‌خوری و ...

زندگی در فکر و احساس، محصولش در ترس زندگی کردن است.

دریافت آرامش در حین تمام مشکلات و سختیها فقط محصول انجام دادن کار درست است در هر لحظه‌ای.

قدرت انجام ندادن گناهان بزرگ بعد از انجام ندادن گناهان کوچک حاصل می شود.

قدرت اکنونت برای نه گفتن به وسوسه‌ی این گناه کوچک کافی است و تو را رشد می دهد تا گناهان بزرگ را انجام ندهی. قدرت خداوند برای انجام ندادن اولین گناه کافی است، اما برای انجام ندادن دومین گناه، نه. چون با حق اختیار تو روبرو می‌شود.

راز بلند کردن سنگ های عظیم دور دستها، بلند کردن سنگ‌ریزه‌های زیر پای توست.

بزرگی تو با بلند کردن این سنگ ریزه ها افزوده می شود تا بدان حد که می‌توانی کوه عظیم را جابجا کنی.

ایمان به پیروزی بر این گناهان کوچک و ریز باعث پیروزی بر غولهای جلوتر از تو خواهد شد.

پس در هر دو صورت ما می توانیم ترس را ریشه کن کنیم و در شادی زندگی کنیم. در هر ترسی که هستیم باید سریعا از خود بپرسیم کار درست بعدی چیست و آن را انجام دهیم.

عملکرد بد، ریشه اش در ترس است.

برای همین،

محبت کردن به دشمنانت، مهمترین و بهترین پاک کننده‌ی آن‌هاست.

انجام کار نادرست همراه با لذت است و نقطه ی مقابل لذت نبردن، قدرت داشتن است.

اگر خواهان لذت نبردن از گناه کردن هستی خدا را بیاب.

قدرت خداوند می‌تواند ما را از هر گناهی آزاد کند.

لذت جوئی مخصوص ترسوها و بزدلان است. ترسوها تبدیل به شمشیرکشان بی رحم می شوند. آنها در حال فرار کردن از ترسهای خویش هستند.

کسی که کار نادرست را انجام می دهد، انسان ترسوئی است. او حتما از خدا جداست.

شجاع‌ترین انسان کسی است که در حال انجام کار درست است.

کار درست را به هر قیمتی شده انجام بده. نه برای خدا و نه برای مردم. بلکه فقط برای این که تو برای انجام کار درست آفریده شده‌ای. پس،

انجام کار درست وظیفه‌ی توست.

مردم دنیا فروتنان را ترسو خطاب می کنند.

کسی که کار درست را انجام می دهد در کنار خداست.

او دارای آرامش است پس میل به پاک زندگی کردن در او بیشتر و بیشتر می شود و کسی که کار نادرست را انجام می دهد در بی قدرتی کامل است و عملکرد بدش حاصل ترسهای اوست.

محبت خاموش کننده ی آتش ترسهای دشمنان توست.

انسان ترسو برای رفع ترس‌هایش باز در گناه غرق می شود، پس در جنگ و ستیز است.

شرارت همانند خار است و محبت همانند گل زیبای خوشبو.

وز محبت خارها گل می شود. پس از روی شرارت، گل ها را به خار مبدل نکن.

هرچقدر که شخص، بیشتر با خدا راه رود طعم شیرین با خدا بودن را بیشتر می چشد که عشقی است ما فوق لذتهای دنیوی.

پس میل به انجام ندادن کار نادرست در او شکل می گیرد و این تمایل است که به خواستن روحانی و نیکو ختم می شود. بخواهید تا به شما داده شود.

پس خداوند به تو به قدرتی عطا کند تا کار نادرست را انجام ندهی و به سوی لذت جوئی نروی.

اما یادمان باشد ما در دنیای جسمانی زندگی می کنیم پس باید کار و معاشرت کنیم. ولی در هر صورت باید کار درست را انجام دهیم. پس نیاز به شجاعت داریم.

شجاعت میوه‌ی قدرت است. در قدرت داشتن است که تو شجاعت انجام هر کاری را داری، پس:

قبل از رسیدن به قدرت، صاحبان قدرت را قضاوت نکن.

قدرت از آن خداوند است.

انسان همیشه در میان دو جایگاه قدرت و ضعف قرار دارد.

او برای رفع کمبود ضعفش به گناه دست می‌زند تا قدرتمند شده و جای خدا را بگیرد. پس میوه اش ظلم و ستم است. اما با کسب قدرت خداوند، قدرتمند، محبت‌کننده و بخششگر می شود.

در تاریکی‌ست که شخص با لذت به انجام دادن گناه ادامه می دهد.

اما در روشنائی‌ست که با قدرت، شجاعانه کار درست را انجام می دهد. انسان قدرتمند با انجام ندادن کار نادرست، خودش را از نادرستان جدا می کند و این جدائی برای او هیچ اهمیتی ندارد. زیرا او به خداوند متصل است. پس سیراب شده است و این اتصال باعث هم شکل شدن او با خداست. پس در او تبدیل به شجاعت می‌شود برای بیشتر کار درست را انجام دادن.

کسی که از مرگ می ترسد شمشیر می کشد اما کسی که از مرگ نمی ترسد به قاتلان خود محبت میکند.

ترس، قدرت جاذبه توست. تو آن چیزی را جذب میکنی که همجنس آن را داری و آن نشان از وجود تاریکی درونی است.

اعتراف به تاریکی باعث نابودی جاذبه ترسهای توست.

چه فرقی بین شجاعت و قدرت است؟

خداوند همچون زمین و قدرت همچون درختی پایدار و استوار در این زمین نیکو و شجاعت میوه های این درخت است. درخت بدون زمین هرگز بنا نمی شود. پس

سهم زمین در درخت و میوه، مهم، یک شکل و مشترک است. میوه ی شجاعت حامل قدرت است پس چون از خداوند سرچشمه می گیرد برای انجام کار درست و انجام اراده ی خداوند استفاده می شود.

گناه یعنی نا اطاعتی از کلام خدا. پس شریعت نیکوست.

پس ما نیاز به قدرت خداوند داریم برای انجام کار درست.

اول خداوند، دوم قدرت و سوم شجاعت.

اول روح، دوم نفس و سوم جسم.
اما در حقیقت هر سه باهم یکی می شوند.

اتحاد در قلب، راز ماندگاری آرامش قلب‌هاست.

شجاعت درون قدرت است. قدرت بزرگتر از شجاعت است. در حقیقت شجاعت هرگز بدون قدرت معنا و مفهومی ندارد.
کسی که شجاعت دارد، فروتن نیز هست زیرا می داند خدا را دارد پس هرگز از کسی نمی ترسد زیرا نیک می‌داند برای چه علتی کار درست را انجام می دهد، پس سربلند است و هرگز خجلت‌زده نیست و دیگران سپاسگزار اویند و او شرمندهٔ دیگران نیست.

انسان فروتن پُر از خداوند، قدرت و شجاعت است.

بخشش او زیاد است چون از کیسه خلیفه و خداوند می بخشد پس جیبش هرگز خالی نمی شود. بزرگترین شما خدمتگزارترین شماست.
او پُر از شجاعت و فروتنی است و این به علت اعمال و وجود خودش نیست بلکه فقط به خاطر حضور پرجلال خداوند در او و از اوست.
با خدا باش و پادشاهی کن. بی خدا باش و هر چه خواهی کن

انجام کار درست امروز همانند غذا و آبی در کوله ات، رفع کننده ی تشنگی و گرسنگی فردای توست.

بهترین پس انداز برای فردا، انجام کار درست امروز است.

چه نیکوست ما نیز به فکر جایگاه و زندگی آسمانی خودمان باشیم و باید به فکر جلال یافتن خدا از خودمان باشیم و این یعنی انجام کار درست.

اتفاقات زندگی برای ساخته شدن ماست پس سپاسگزار اتفاقات و دردهای روزمره ی خودمان باشیم. ما فقط در با خدا بودن است که در مسیر خداوند قرار می گیریم و اگر با غیر خدا راه برویم هرگز وارد ملکوت نخواهیم شد.

مهم چه چیز داشتن و کجا بودن نیست. مهم فقط با خدا بودن است.

سهم تو از دریافت آرزوهایت، در با خدا بودن امروز توست. وقتی تصمیم به انجام کار درست را می گیری شیطان با ایجاد ترس بر سر راهت تو را فلج می کند تا حرکت نکنی اما وقتی لرزان لرزان حرکت کردی، ترس از بین می رود و نور آرامش تو را فرا میگیرد. زیرا می‌بینی آنچه از آن می ترسیدی یا اصلا وجود ندارد یا آنقدر نیست که فکرت بزرگش کرده بود.

در انجام دادن کار درست نه با خداوند و نه با انسان مشورت نکن.

اگر می دانی این کار درست است، بهترین مشورت با خدا انجام کار درست است. مشورت کردن با خدا برای انجام کار درست به این علت است که یا نیتت درست نیست یا راهت درست نیست.

بهترین کار درست انجام ندادن گناه است.

و بعد از انجام ندادن گناه، بهترین کار درست، تکرار نکردن آن است. اما اگر تکرار کردی بهترین کار درست، محکوم نکردن خویشتن است.

حضور خدا و درگاهش همانند بیمارستان است. هیچ بیمارستانی تو را برای حضورت در آنجا محکوم نمی کند. بلکه اگر روزی ده بار هم آنجا روی، باز تو را بهتر از قبل پذیرش و مداوا می کنند.

خدا نیز تو را محکوم نمی کند. پس خواست خدا در هر لحظه ای از زندگی فقط این است که نزدش بروی.

مهم تعداد دفعات نزد خدا رفتن نیست. مهم فقط رفتن است. توبه کردن فقط برای کسی است که قلبش عاشق خداست.

توبه کننده، نادم از انجام گناه است و خواستار وصال با خدا

ترس از لغزش، ترس از نشناختن خداست، ترس از بخشیده نشدن از سمت خداست. پس بپذیر این جمله ی بزرگ را که می گوید:

«بنام خداوند بخشاینده ی مهربان»

پس بهترین عمل بعد از لغزش شکرگزاری است از بابت وجودیت و بخشندگی خداوند.

انسانی که دائم در حال انجام دادن کار درست است همیشه در حال بخشیدن است. این را بدان، خواست خدا را در بی‌خواستی خودت می‌یابی. هیچ خواسته‌ای جز انجام کار درست نداشته باش.

در مشکلاتت بارها دروغ می گوئی تا از مردم جدا نشوی، برای یک بار هم که شده راست بگو تا از خدا جدا نشوی.

خداوند ، عاشق بی نیاز توست.

آمین

نیاز و بخشش

اگر بخواهید در دنیا مالک و صاحب چیزی شوید یا باید با زحمت طاقت فرسا و تلاش انسانی آن را بدست آورید که آنهم ۵۰، ۵۰ است یا باید میلی برای تصاحب آن نداشته باشی اما نه از روی نا امیدی بلکه از روی اعتماد به خداوند و این بدین معناست که بی‌نیاز از نیاز مندی شوی تا آن نیاز به سمت تو حرکت کند.

دنیا تاریک و منفی ست، پر از کمبود و خلأ است پس اگر نیازمند آن شوی همرنگ و هم شکل آن شده ای. دست تو به هر جا دراز شد قلب تو نیز پر از نیاز به آن است.

نیاز اصلی ما، نیاز روحانی ست. نیاز از کمبود می‌آید و نیازمند با بدست آوردن آن نیاز کامل می‌شود. پس جنس و شکل نیازمند از همان جنس و شکل نیاز است. آیا هم شکل چه چیزی هستی؟

دنیا منفی است. نیازمند دنیا هم می‌شود منفی (چون کمبود دارد).

دو قطب منفی در رویارویی و رسیدن به هم از هم جدا می‌شوند و نمی توانند به هم برسند.

انسان دارای کمبودی ست به نام خدا. پس با رسیدن به خدا ما از دنیا بی نیاز می شویم و نیاز روزانه ما را خدا می‌دهد البته با حرکت قدمهای ما.

فروتنان به دنبال تکمیل شدن از بیرون نیستند آنها عیب را در خود جستجو می‌کنند و با خدا آن نقص و ضعف محو می‌شود. پس مثبت می‌شوند.

کاش اینقدر که بدنبال یافتن خدا بودیم جای خدا را در درونمان تمیز می کردیم تا خجالت زده‌ی ورودش نشویم.

پس دنیا به سـمت انسـان فروتن جذب می‌شـود. دو قطب منفی همدیگر را دفع می‌کنند پس اگر هم شـکل و نیازمند منفی شـدی و آن را طلب کنی آن نیاز از تو دور می‌شود.

باید با خدا باشـی تا پادشـاهی کنی زیرا پادشـاه مالک همه چیز اسـت و اگر بی خدا باشـی هر چه تلاش کنی نمی‌شود و هنوز کمبود وجود دارد چون فاصله ات بیشتر می‌شود.

در گاه خداوند می‌شـود مثبت و اگر از دریافت نیاز دنیوی گذشـت کردی پس هم جنس و هم شـکل آن نیاز نیسـتی. پس تو آن را جذب می کنی و تو مالک آن هستی.

برای بدسـت آوردن هر چیز در دنیا باید وابسـتگی خود را نسـبت به آن از دسـت بدهی و برای آن چیز جاذبه باشی.

اگر چیزی را طلب کنی پس ارزش تو کمتر از آن است پس به آن وابسته‌ای.

و اگر از آن چیز گذشـت کردی و بخشـیدی پس ارزش تو بالاتر از آن اسـت و تو مالک آن هسـتی نه وابسـته آن. وقتی به دنیا می رسی فروتن شو تا پایین تر بروی اما چون به خدا اعتماد می کنی تو را بلند کرده و مثبت می شوی پس همه چیز به سمت تو جاری می‌شود.

بالاتر از دنیا، درگاه خداست پس اگر طالب آن هستی و همشکل آن شوی تو حتماً نور دنیا هسـتی و دنیا مجذوب تو شـده و تو مالک آن می شـوی. پس فروتن کسـی اسـت که نیاز خود را به خداوند درک می‌کند و در این راه زندگی می‌کند و به خداوند اعتماد می‌کند و نه به دنیا،انسان و ... غیر خدا. پس برای بدست آوردن دنیا باید آن را ببخشـی زیرا به خدا اعتماد داری مثل حضـرت ابراهیم که فرزندش را بخشید به خدایی که می دانست می‌تواند دوباره او را زنده کند پس مالک و صاحب فرزندش شد.

ما با بخشـیدن، مالک و دارا می شـویم. اگر خواسـته ای از خدا نداشـته باشـی و همیشه شکر گذار او باشی مالک می شوی زیرا می دانی خدا داراست و هر وقت

صلاح تو و اراده خودش باشد تو را بی نیاز می‌کند و آرزوهایت را برآورده می‌کند.
راز داشتن برکات خداوند و حضور پر برکت او این است که جای حضور او را در زندگی خویش فراهم کنیم با خروج اراده شخصی خودمان.
من مطمئن هستم درب بهشت از جنس بخشش های خداوند ساخته شده است از جنس محبت و عشق او.
هر چقدر که بیشتر ببخشی خدا را بیشتر دریافت می کنی پس روح تو از آلودگی ها، پاک تر و زلال تر می‌شود پس در روح فقیر می‌شود یعنی کمترین نیاز به غیر خدا و در جسم ثروتمند می‌شود یعنی مالکیت و فرمانروایی تو بیشتر می‌شود چون خدا با توست.

وسعت فرمانروایی تو به اندازه فروتنی توست .

از دنیا هر آنچه مالک آن هستی، ثروت توست نه آن چیزهایی که وابسته آنان هستی.

افتادگی آموز اگر طالب فیضی / هر گز نخورد آب زمینی که بلند است.

بزرگترین انسانها د رنیمه های شب در تاریکی و تنهایی خدمتگزارند و خدا بیناست چه درون و چه بیرون مارا می بیند.

وقتی از جایگاه خودت پایین تر می آیی و به اصطلاح فروتن می‌شوی پس جایگاهت را بخشیده ای. و چون این بخشیدن با هدایت و نیت خداست نه از روی ترس و نیت آلوده. پس خدا را وارد کرده ای پس خداوند تو را مالک آن جایگاه می‌کند زیرا کامل شده ای و بی نیاز شده ای پس تمام آب و حیات اطرافت به سمت تو حرکت می‌کند و تو را بالاتر می‌آورد و در جایگاه اولت قرار می‌دهد با این تفاوت که این جایگاه، پر برکت تر، زنده تر و پر ثمرتر از جایگاه قبلی توست. مثل میوه ای که قبل از رسیدن محتاج این است که از درخت تغذیه شود اما پس از رسیدن، خود نیاز دیگری را رفع می‌کند.

بی نیاز از نیاز باش تا نیاز نیازمند تو گردد.

زمینِ بالا و پایین مهم نیست. بلکه مهم میزان خدمت تو به دیگران است. پس شرط بزرگتر شدن، ثمردار تر شدن و خدمتگزار تر شدن این است که از جایگاهت که به آن وابسته شدی بیرون بروی و پایین بیایی تا از برکات بخشش، پر و لبریز شوی. و بالا بیایی زیرا خداست که فروتنان را بر می افرازد.

شرط ازدواج بی نیاز بودن از آن است تا بتوانی به همسرت خدمت کنی نه منتظر خدمت کردن او باشی.

شرط رهایی، دوری جستن نیست بلکه قناعت و بی نیازی ست.

خداوند نیاز ما را می‌داند و نیاز ما را می‌دهد و اگر ما به آن وابسته شدیم پس باید آن را ببخشیم تا همیشه در جایگاه رفع نیاز قرار بگیریم.

شرط ازدواج ، تکمیل کردن است نه تکمیل شدن.

هیچ وقت بدی دیگران ما را آزار نمی دهد اگر ما آن بدی را جذب نکنیم و علت این جذب کردن،خالی بودن از درون است و علت این خالی بودن، وصل نبودن به خداست.

وصال با خدا، بدرود با غیر اوست.

زمین خشک گیرنده است و چشمه، دهنده و بخشنده است. اگر زمین خشک به منبع اصلی آب وصل شود و از آن سیراب گردد او نیز می‌تواند دهنده و بخشنده باشد.

پس در این هنگام این زمین پر آب، چشمه نیست اما دیگر آن زمین خشک و بی آب هم نیست پس می‌تواند موجب برکت دیگران شود و حیاتبخش گردد.

بخشیدن، اعلام ثروتمندی و بی نیازی به غیر خداست و نبخشیدن، اعلام فقیری، طمع کاری، خالی بودن و نیازمندی ست پس اگر چه دارای ثروت، جاه و جلال فراوان باشد اما در تنگدستی، سختی، ناراحتی، ترس و عذاب زندگی می‌کند.

ثروتمندان، فقیرترین انسانهای روی زمین هستند، به آنان محبت کنید.

خداوند مخالف دارا شدن ما نیست. اما دارایی که همراه با وابستگی باشد حتما تو را از خدا جدا می‌کند و خود، خدای تو می‌شود، پس جز عذاب نصیبت نمی‌شود.
انسان های ثروتمند، انسان های نفسانی هستند و همیشه در طلب بدست آوردن چیزی از بیرون هستند زیرا وابسته ثروت هستند و بر طبق نفس خود زندگی می‌کنند. پس روحانی نیستند و به خدا اعتماد ندارند.
ثروتمندان حقیقی، بدنبال شاد کردن و محبت کردن هستند پس در حال بخشیدن هستند. برای همین ما باید در رنجش هایمان بدنبال کمبودها و نقص های خودمان بگردیم و بفهمم در کجا من نفسانی و خودخواهانه زندگی کرده ام پس باید ببخشم و کار درست را انجام بدهم. ثروت تو چیست؟ محبت، پول، مشاوره دادن، خدمت کردن، طلا و ...
سعی کن روحانی زندگی کنی و برای شاد کردن دیگران، از خواسته و نیاز خودت بگذر. مطمئن باش خداوند مدیون کسی نمی ماند حتی اگر تو نخواهی او حتماً عوض آن را به تو می‌دهد. اگر بدنبال بزرگتر شدن هستی هرگز نمی توانی خدمتگزار لایقی شوی. وقتی عیوب خود را یافتی و آنچه را که باعث برکت و شادی دیگران است بخشیدی آن وقت بزرگترین و خدمتگزار ترین خواهی بود.

کودکان، کمترین وابستگی و بیشترین بخشش را دارند.

هدفت از بدست آوردن دنیا، کسب آرامش و سپاسگزاری بیشتر از خدا باشد. دنیا دوستان دنیا را بدست می آورند اما خدا و آرامش را از دست می‌دهند پس به نابودی و هلاکت می رسند.

دنیا طلبِ خدا خواه باش نه خود خواهِ دنیا طلب.

اما ما با فروتنی و بخشـــش و اعتماد به خداوند، از خدا برکت می یابیم و از دنیا بهره‌مند می شویم و این بهره‌مندی باعث نزدیکتر شدن ما به خداوند می‌شود پس به سپاسگزاری ختم می‌شود.

۱- انسان، ۲- خدا، ۳- کار

حالت اول:

انسـان از خدا می خواهد بهترین کار را برایش مهیا کند پس به او اعتماد کرده و حرکت می‌کند اما بدنبال نتیجـــه نیســـت، از روی زمین حرکت کن و بگذار خدا از آسمان هدایت کند پس خدا بهترین را برایت مهیا می‌کند.

۱ ← ۲ ← ۳ ←بهترین برای انسان از جانب خدا ۱

در این حالت خدا برای انسان بالاتر است تا کار برای انسان. پس نوع کار و نوع راه حل مشکل ما مهم نیست و نوع آنچه از خدا به ما می‌رسد نیز مهم نیست زیرا خدا بهترین را برای ما مهیا می‌کند. او جواب اعتماد ما را می‌دهد.

حالت دوم:

انسـان از خدا می خواهد نوع کار یا خواســته ای را برایش برآورده کند. پس حق انتخاب با انسـان اسـت نه با خدا و او از خدا می خواهد بر طبق اراده انسـانی اش حرکت کند.

پس ما به خودمان توکل کرده ایم نه به خداوند.   ۱ ← ۳ ← ۲

کسی که می بخشد، نشان می‌دهد ثروتمند اسـت. وقتی ضعف دیگران را می بینی دو عکس‌العمل نشان می دهی.

اول: ناراحت شده و ضـعف او را به خود می گیری و این یعنی خودت خالی هستی پس بی لیاقت هستی. با خدا در ارتباط نیستی و به او اعتماد نداری پس نمی توانی ببخشی.

دوم: برایش دعا می کنی پس برکتش می دهی زیرا به خدا وصـل هسـتی پس از ثروت عظیم خودت به او می بخشی یعنی او را محبت می کنی.

میوه رابطه با خدا بودن، لیاقت دار شدن است. پس اگر ادعای با خدا بودن می کنی و نمی بخشی تو یک ریا کار هستی.

اگر بچه ای گریه کند به طرف او رفته و نیاز او را بر آورده می کنیم اما چرا وقتی این بچه بزرگ شد و بدی کرد او را نمی بخشیم؟ زیرا ما خود را با لیاقت تر از بچه و بی لیاقت تر از بزرگسال می دانیم. و این یعنی معیار لیاقت در باور ما اشتباه است.

ما می گوییم بچه نمی دلند اما بزرگسال می‌دانند پس بچه را باید بخشید اما بزرگسال را نه.

اما لیاقت این را نمی گوید می بخشد نه برای بیرون بلکه برای درون خودش می بخشد.

نیت بخشیدن هایت همچون چشمه درونی باشد نه بیرونی تا تأثیر پذیر از بیرون نباشی.

قبل از آنکه به کسی پولی ببخشید فقیر بودن او را ببخشید تا از حس ترحم به او کمک نکنید بلکه از چشمه محبت درونت به او ببخش.

هرگز در بخشیدن نهایت، گیرندهای آنرا قضاوت نکن. چشم هایت را ببند.

گر تو ز دستت دهی، چشم فرو بند و بس/ هر که بگیرد خوشا، پادشه و یا که خس

نزد خدا عزیزتر است او که در دل تاریکی شب می بخشد.

کسی که با خدا در ارتباط است نور خدا در سیمای او شکوفاست پس او می بخشد نه به خاطر فقیر بودن او،می بخشد به خاطر لیاقت داشتن خودش.

کار خیر را تنها به خاطر گیرنده آن انجام ندهید بلکه چون کار درست است انجام بدهید زیرا کار درست میوه‌ی ارتباط صحیح با خداوند است.

قبل از محبت کردن به کسانی که تو را آزرده اند خطاهایشان را ببخش و قضاوتشان مکن.

تا گناه گناهکار را رها نکنی هرگز صاحب قلبش نیستی.

از بی نیازی خود نیازمند را عطا کن نه از روی نوع نیازش.

وقتی کسی به ما فحش می‌دهد یا از ما تعریف می‌کند نباید در مورد آن شخص قضاوت کنیم بلکه فقط راست و دروغ حرفش را بفهمیم اگر راست گفت بپذیریم اگر دروغ گفت برای اشتباه و حسادتش دعا کنیم.

دیگران آینه های ما هستند برای یافتن عیوب خویش و آینه خانه ات برای یافتن نیکویی‌های خلقتت.

دانی فرق تو با آینه چیست؟

تو از دیدن خود در آینه مفتخری و آینه ا ز دیدن نداشتننت در حسرت.

آمین

رنجش

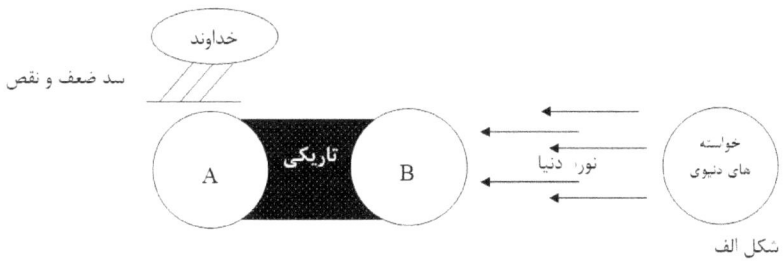

شکل الف

رنجش گرفتن شخص A از شخص B به علت حضور شخص B بر سر راه شخص A است برای رسیدن به خواسته های دنیوی‌اش.

شخص A قسمت تاریک و عیوب شخص B را می بیند که البته خود نیز دارای همان ضعف و نقص هست.

پس ما از کسانی بدمان می‌آید که در مسیر خود خواهی های خودمان قرار دارند و جلوی آن هستند.

شخص A خودش را کوچکتر از شخص B می‌داند هر چقدر A فقط بدی های B را ببیند بیشتر از او می ترسد پس فضا تاریکتر می‌شود و او خودش را کوچکتر می بیند پس امکان عکس‌العمل نابجا برای او بیشتر می‌شود.

اما با پذیرش ضعف و بدی خود می‌تواند از خداوند پر شود پس بزرگتر می‌شود.

تاریکی پیش گوی ترس است
و ادعای همیشگی بودن این وضعیت را دارد.

اما با بزرگتر شدن و گذشت کردن از خواسته هایش نورانی تر می‌شود و ترس از بین می‌رود.

رنجش تولید نبخشیدن می‌کند
پس حاصلش کوچکتر شدن روحانی‌ست.

وقتی بزرگتر شدی از نور خدا نورانی تر می شوی پس شخص B واقعیت خود و حقیقت تو را می بیند و جذب تو می‌شود که در گذشته چه بودی و حال چه هستی. نور دنیا جذب کننده است اما تولید جنگ، ترس و خود خواهی می‌کند اما نور خدا باعث جذب شدن دیگران به تو می‌شود یعنی همان کسانی که در همسایگی تو هستند.

بهترین تبلیغ خدا، پاک زیستن است.

بخشیدن دیگران یعنی بخشیدن طمع درونی، نبخشیدن باعث چاقی روحانی می‌شود پس در دنیا غرق می شوی.

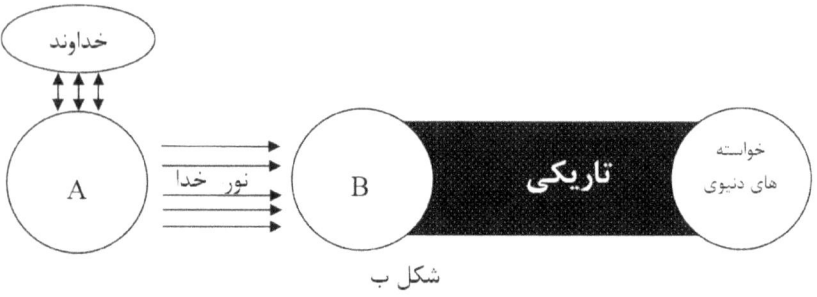

شکل ب

درس شکل الف و شکل ب این است که شخص A اول خود مستقیماً با خواسته های دنیوی در ارتباط بود اما درونش را نمی دید و از خدا غافل بود پس با ورود شخص B بر سر خواسته های دنیوی اش در او رنجش ایجاد شد پس او با پذیرش درون به سمت خدا می‌رود پس بزرگتر شده و از خدا پر تر می‌شود حال بزرگی یا

کوچکی شخص B برایش بی اهمیت است اگر چه آنقدر بزرگتر از شخص B شده است که از خواسته های دنیوی بهره‌مند گردد.

شخص A در شکل ب بسیار بزرگتر، روحانی تر و نورانی تر از شخص A در شکل الف است و این راه خداست. من تا نقص خود را در دیگری نبینم و رنجش نگیرم هرگز پی به نقص و ضعف درونم نمی برم تا به فکر جدا شدن از آن بیفتم. این لطف خداست که از نقص های ما به ما درد می‌دهد تا ما به فکر جدا شدن و رها شدن از نفس و خواسته های دنیوی بیفتیم، پس رنجش راهیست برای بزرگتر شدن و البته می‌تواند به بدی و گناه نیز ختم شود و این حق اختیار با توست.

ترس از غیر خدا در تاریکی ست که می خواهد تو را از اتفاقی بد خبر دار کند که تو از آن فرار کنی.

حاکم تاریکی شیطان است. از چیزی که می بینی تو را به گناه می کشاند فرار کن.

علاج تاریکی توکل به خداست و حرکت در مسیر ترس ها.

ترس از خدا در نور است و تو را از جایگاه بزرگت با خبر می‌کند که در کنار خدا هستی و حکمت به تو می‌دهد تا بفهمی جدایی از خدا شامل چه اتفاقات ناگواری برای توست.

حکمت یعنی دیدن خوبی های اکنون برای جدا نشدن از آن و دیدن بدی های آینده اگر اکنون از خدا جدا شوی.

قدم گذاشتن بر ترس غیر خدا تو را به سمت خدا می کشاند و جدا شدن از ترس از خدا تو را به سمت تاریکی می کشاند.

هر انسانی دائماً : A خوبی می کند یا B بدی می کند؛ و یا N خوبی می بیند یا M بدی می بیند

علت A: روحانی بودن اوست و بخشیدن از خوبی های خویش و بعد از زمانی تمام آنچه داده است را دریافت می‌کند، هر چه بکاری همان را برداشت می کنی.

علت B: نفسانی زندگی کردن و نبخشیدن اوست و گیرنده اش می‌گیرد چون بدی کاشته و بدی دریافت می‌کند پس من هم جایی دیگر بدی ام را برداشت می کنم.
علت N: شخص دهنده از روحانی بودنش می بخشد و من دریافت می کنم چون جایی دیگر قبلاً کاشته ام و حال برداشت می کنم پس دهنده برکتش را می‌گیرد.
علت M: هر چه کاشتم برداشت کردم و البته بدی کننده تاوانش را پس می‌دهد پس به دنبال انتقام رفتن یعنی ادعای بی گناهی کردن.

پس اگر بدی کردی خودت را ببخش و اگر به تو بدی کردند آنها را ببخش ولی تکرار بدی هایت را نکن و بدی های دیگران را با بدی پاسخ مده چون خودت دارای ضعف و گناه هستی پس من دیگری را باید ببخشم و خودم را نیز همینطور زیرا خودم نیز همان بدی را در نوع دیگرش دارم.

جنس بخشندگی هایت از جنس داشته های توست.

خداوند بخشاینده مهربان است، بخشنده نیکویی و محبت است نه نفرت و ظلم اما انسان می‌تواند بخشنده ظلم و ستم باشد چون درونش آلوده می‌شود.
از درون رنجش ها: نقص‌هایت را پیدا کن و از درون نقص‌ها، ضعف‌هایت را بشناس و با پذیرش ضعف‌هایت به خدا نزدیک‌تر شو.

هر آنچه در دیگری می بینی در خودت هست.

ضعف همانند زمین است و نقص همانند خارهای آن. پس وقتی آب یعنی حضور خداوند جاری شود ضعف پوشیده شده و نقایص و خارها از بین می روند و خفه می‌شوند. کلید باز شدن قفل برکات خداوند، بخشیدن است حال از هر نوع که می خواهد باشد و با نبخشیدن این قفل همچنان بسته است حال از هر نوع که می خواهد باشد. موضوع فقط بخشیدن و نبخشیدن است.

آمین

نور و تاریکی

فرق بادکنک با سنگ

بادکنک از جنس خودش پر نیست. یعنی درونش با بیرونش یکی نیست. به دلیل این ناهماهنگی، همیشه ترس از این دارد که درونش را از دست بدهد.

او درونش را از دیگران پر می‌کند برای همین وقتی به او تلنگر می‌زنند در فکر تلافی می‌افتد و از این طرف به آن طرف پرت می‌شود.

تمام محتویات، دارائی و درونش به یکباره در او قرار داده شده است پس مسلماً قدر آنرا ندارد و آن را نمی‌شناسد.

ادمی که به داشته‌هایش مغرور می‌شود؛ در واقع نشان می‌دهد هر آنچه دارد از خودش نیست. ولی او آنها را نگه داشته و فخر می‌فروشد.

او هرگز اجازه نمی‌دهد کسی به او نزدیک شود ولی هر کس به او اهلنت کند، می‌تواند او را به هم بریزد و او را آشفته کند.

آدم مغرور طبل تو خالی است. جنس او از دیگران است. او مجبور است به آنهائی که هم جنس درون او هستند احترام بگذارد و جلوی آنها سر خم کند و به آنها که هم‌جنس او نیستند فخر بفروشد. آدم مغرور فوق‌العاده حسود و ترسو است.

ترس او بابت از دست دادن دارائی‌اش است و حسود است زیرا نمی‌تواند بهتر از خودش را ببیند. او آدمی خودخواه و خودمحور است. شکست‌های خودش را مخفی می‌کند و پیروزی‌هایش را به همه اعلام می‌کند و شکست دیگران را بلند اعلام سی‌کند و پیروزی‌های دیگران را کوچک می‌شمارد یا اصلاً نگاه نمی‌کند.

در آدم مغرور همیشه خستگی و ناآرامی است. او حق انتقاد از خودش را به هیچ کس نمی‌دهد.

اگر درونت از جنس خودت باشد از دیگران ترس نداری. آنچه می‌گوئی واقعاً و حقیقتاً درست است چون درون تو با بیرون تو یکی است.

آدم‌های مغرور همانند قبرهایی هستند که در ظاهر، بسیار زیبا هستند ولی از درون، فاسد و گندیده‌اند.

آدم فروتن همانند سنگ، محکم، ثابت و استوار است و هر کس نمی‌تواند او را تکان بدهد. اگر سنگ را به دو نیم کنی باز همان است که بود.

فرق جایگاه آدم مغرور با آدم فروتن این است که آدم مغرور در خیال و رویای خود در آسمان و در بالاترین و بهترین جایگاه است اما در حقیقت در جسم خودش بر روی زمین است. اما آدم فروتن نیازی به رویاپردازی ندارد چون واقعاً در بالاترین جایگاه قرار دارد و شجاع است.

وقتی چیزی از جنس خودت باشد پُز آن را نمی‌دهی چون همیشه با تو بوده و خواهد بود. اما اگر از جنس تو نباشد فخر می‌فروشی و باد می‌کنی برای همین وقتی کسی به تو ایراد می‌گیرد ناراحت می‌شوی چون آن‌را از خودت می‌دانی و فکر می‌کنی مالک او هستی، تعصب می‌گیری. ولی وقتی از جنس خودت باشد آن‌را از خودت جدا می‌کنی، یعنی حاضری آن را ببخشی و ایثار کنی، اما برای آن غیور هستی.

بخشش آدم مغرور برای فخرفروشی است و یا از ته‌مانده‌ی خود می‌بخشد. اما فروتن از ته دل خودش می‌بخشد و بهترین آنچه دارد را می‌بخشد.

آدم مغرور طمعکار است و در چاه می‌افتد و تمام دارائی خود را که از اول داشته‌است هم از دست می‌دهد. اما فروتن قانع و سپاسگزار است و از به چاه افتادن خود و دیگران نیز جلوگیری می‌کند.

حرف‌های فروتن پر از حکمت است چون آنچه می‌گوید از تجربه حکمت و راستی خود می‌گوید اما آدم مغرور حرف و عملش یکی نیست، پس ریاکار و دروغ‌گوست و برای اثبات دروغ خود قسم می‌خورد و آنچه او می‌گوید فقط دانش است. آدم مغرور هیچ‌گاه راضی نیست پس طمع‌کار است برای بدست آوردن بیشتر و بهتر تا بتواند با چنگ و دندان خود را در قله نگه دارد.

پس همیشه در حال جنگ کردن است. او همیشه خشمگین است. خشم او بابت این است که یا دیگران را از خودش بهتر می‌بیند یا از انتقاد دیگران خشمگین می‌شود یا از نزدیک شدن دیگران به خودش می‌ترسد چون می‌داند مالک واقعی داشته‌هایش نیست و هر آن ممکن است هرآنچه ساخته است را از دست بدهد، زیرا خانه‌اش را بر روی شن و ماسه بنا کرده ولی فروتن خانه‌اش را بر روی صخره بنا می‌کند.

فروتن راضی، شاد و قانع است. ترسی هم از بابت از دست دادن ندارد. او آزاد است و مثل مغرور اسیر خودش نیست.

فروتن همه را دوست دارد چون می‌داند کیست و جایگاه خودش را درک می‌کند. آفت به اموال، دارائی و درون آدم فروتن نمی‌زند چون از جنس خودش است. یعنی درونش با بیرونش یکی است. اما آدم مغرور آنچه دارد از دیگران است پس همیشه اندوخته‌اش در حال آفت خوردن است.

شهوت آدم فروتن در درجه‌ی تعادل و خداوندی است و اجازه می‌دهد حکم خداوند در مورد آن اجرا می‌شود. ولی مغرور از شهوت نیز برای جلال خودش استفاده می‌کند زیرا همیشه به دنبال بهتر لذت بردن است.

مغرور همیشه لااقل از یک نفر می‌ترسد و همیشه لااقل به یکی دل می‌بندد. او به هر که از خودش بهتر باشد دل می‌بندد چون می‌داند درونش خلأ و کمبود است و آن را حس می‌کند.

فروتن کوچکتر از خود را دوست دارد و به او کمک می‌کند و به بزرگتر از خودش احترام می‌گذارد. جسم او ارزش آنچه دارد را می‌فهمد و در خود نیازی به وابسته شدن نمی‌بیند.

جسم آدم فروتن نمادی است از درونش پس متواضع است.

جسم آدم مغرور نمادی است از درونش که از خودش نیست پس او را از جسمش نمی‌توان شناخت. کسی که جنسش عالی است نیازی به تزویر، ریا، فریب و دروغ

ندارد، اما کسی که از بی‌ارزشی جنس خودش با اطلاع است مجبور است برای با ارزش نشان دادن آن به حیله و دروغ متوسل بشود.

صدای فروتن آرام ولی پرقوت است. صدای آدم مغرور بلند اما لرزان است. او همیشه شاکی و ناراحت است.

آدم فروتن دل دار و شجاع است، دست به پیشروی می‌زند پس آنچه دارد بیشتر می‌شود. مغرور، ترسو است و هرگز دست به پیشروی نمی‌زند پس اندوخته‌اش می‌گندد و کمتر می‌شود.

کسی که مغرور است دیکتاتور نیز هست. او به دور داشته‌هایش دیواری می‌کشد و اجازه‌ی ورود و خروج نمی‌دهد مگر برای زیاد شدن و بهتر جلوه دادن داشته‌هایش. شیطان انسان‌های مغرور را به اسارت گرفته و همه چیز را در تاریکی نگه داشته تا خود بتواند بر آنها حکومت کند و آنها را به نور خودش محتاج کند.

فروتن به دیگران برکت می‌دهد.

اما آدم مغرور همانند گیاهی است که هر چند کوچک و ضعیف است اما گل می‌دهد و در بدنش خار هست تا کسی از آن گل استفاده نکند و اگر گل او را بکنی دیگر چیزی برای عرضه ندارد. او با اندک طوفانی خراب می‌شود نابود می‌شود و محو می‌شود.

فروتن به دنبال بهتر و بدتر نیست، فقط دوست دارد کمک کند. چون نه در خودش به دنبال آن است و نه دوست دارد دیگران را داوری کند.

فروتن به دنبال اطاعت کردن از خداست ولی مغرور فقط حرفی را که باعث جلال خودش بشود قبول دارد و با کسانی رفت و آمد می‌کند که باعث جلال او می‌شوند. شیطان چون می‌داند کمتر دارد، به دنبال کسانی می‌گردد که او را جلال دهند و کارهائی را انجام می‌دهد که بر خلاف حکم خداوند است.

خداوند نماد کامل یک فروتن است و شیطان نماد کامل یک مغرور است.

خدا ← فروتن ← راستگوئی ← سفیدی ← ملکوت

شیطان ← غرور ← دروغگوئی ← سیاهی ← جهنم

وزن جسمی فروتن زیاد است و وزن روحانی او سبک. پس در جسم پائین‌تر از همه (یعنی متواضع‌ترین و خدمتگزارترین) قرار می‌گیرد اما در روح در بالاترین جایگاه‌ها قرار دارد.

ولی وزن جسمی مغرور سبک است چون چیزی از خودش ندارد و وزن روحانی او سنگین است زیرا ناخالصی زیادی دارد و در روح ثروتمند است پس نمی‌تواند وارد ملکوت شود.

آدم مغرور در توهمات زندگی می‌کند چون آنچه دارد از خودش نیست تازه به دنبال بهترین‌ها نیز می‌گردد. او فقط در ظاهر خودش را خوب و روحانی نشان می‌دهد.

مشخصات آدم مغرور؛ بدخلق، ناراضی، خشمگین، در حال جنگ، ناسپاس، ترسو، خیال‌پرداز، تنها، جدا، حسود و ...

مشخصات آدم فروتن: شجاع، قوی، شاد، راضی، سپاسگزار، در حال صلح و آشتی، قانع، سر به زیر، رام، مرد عمل و ...

پس اگر فروتن هستی هم‌شکل آدم‌های مغرور نشو. کسی که فروتن است نور راستی دنیاست اما مغرور، چیزی جز تاریکی و دروغ برای دنیا ندارد پس فروتن شوید.

آمین

تغییر و پذیرش

دعای آرامش

خداوندا،
قسمت اول: آرامشی عطا فرما تا بپذیرم آنچه را که نمی توانم تغییر دهم
قسمت دوم: شهامتی تا تغییر دهم آنچه را که می توانم
قسمت سوم: و بینشی تا تفاوت این دو را بدانم.

قسمت اول:

می گوئی خداوندا، یعنی منظورت فقط با خداوند است. یعنی خدایا دیگر از جنگیدن خسته شدم و از عکس العمل در برابر حرف های مردم، از تقلا کردن‌هایم برای تغییر خودم و دیگران. می‌خواهم تسلیم و فروتن بشوم. هر گاه به پشت سرم نگاه می کنم می بینم که نتوانستم دیگران را تغییر بدهم و برای همیشه حالم خراب بوده است. وقتی مار باشی تا چیزی بر خلاف میلت به سراغت می آید، برمی گردی و او را نیش می زنی. چون نمی توانی او را بپذیری و فروتن نمی شوی. پس باید کرم بود و قبل از کرم بودن باید رابطه ی خوبی با خدا داشت تا به آرامش حقیقی و کافی دسترسی پیدا کنی. و با توجه به تمام تلاش های نافرجام خودت برای تغییر دادن اوضاع و احوالت، بپذیری که کاری از دستت بر نمی آید و باید به خدا بسپاری. پس وقتی در زندگی کاری انجام می دهی، نتیجه اش را به خدا بسپار. بدان هر انسانی دارای یک توانائی محدودی است و وقتی از حد و حدود آن توانائی خارج بشوی آرامش از تو گرفته می شود.

کسی که پا ندارد نمی تولند مثل تو راه برود. دید باز خیلی به ما کمک می کند برای اینکه ببینیم که نمی توانیم چیزی را در این مورد تغییر دهیم و حتما بعد از

کلینیک شادی و آرامش

آن آرامش را لمس می‌کنیم. خیلی جاها ما سعی می‌کنیم آن چیزی که نیستیم و قرار هم نیست باشیم، بشویم.

وقتی به مشکلی برخورد می‌کنی اگر دیدی پر از آرامش هستی بدان پذیرفته‌ای که یا خودت می‌توانی آن را حل کنی یا خداوند و در هر صورت این مشکل و مسئله حل خواهد شد.

وقتی تو آرامش بدست می آوری که به قدرت خداوند اعتماد و توکل کرده باشی. پس با اطمینان آن قسمت را به خداوند واگذار کن.

قرار نیست با همه‌ی مشکلات همیشه دست و پنجه نرم کنی خیلی وقت ها با بینشی که پیدا می کنیم می فهمیم که این کار، کار من نیست. از روی تأیید طلبی و غرور چند کار را با هم انجام ندهید. تو فقط سهم خودت را به بهترین نحو انجام بده، بقیه‌اش با خداست. گاهی وقت ها دیدن این که نمی توانیم کاری را انجام دهیم برایمان سخت است که ریشه های آن خودخواهی، خودمحوری، خودکفائی، غرور، عدم اطمینان و سپردن به خداست.

وقتی با اطمینان سپردی، خشم، شک، ترس، فضولی، کنترل، دو دلی و پریشانی از تو دور می شود.

شیطان همیشه با طمع تو را به سمت لذت ها، آینده و داشتن هر چه بیشتر هدایت می کند. اما تو بایست چون مطمئناً به تمام آرزوهایت دست خواهی یافت اما قبل از آن حتما باید ظرفیت تو کامل بشود.

قسمت دوم:

شهامتی تا تغییر دهم آن چه را که می توانم.

بعد از طی قسمت اول می فهمم که نمی توانم برای این مسئله ام کاری انجام بدهم و می پذیرم و فروتن می شوم. پس باید سهم خودم را انجام دهم.

خداوند کارهایی را به تو واگذار می کند که از قبل استعداد و توان آن را به تو داده است. پس چرا حالا مانده ای و انجام نمی دهی؟ چون شیطان منشأ تمام

دروغگوهاست و تو را فریب می‌دهد تا بترسی و پا جلو نگذاری. پس با شهامت قدم بردار و انجام بده. چون پشت سنگ ترس، معجزه ی بزرگ خداوند پنهان است.
بله تو شاید با ترس و ناامیدی و ناباوری سنگ جلوی پایت را کنار می زنی، اما خداوند بزرگترین معجزه را انجام می دهد که تو شاید قادر به پیش بینی آن هم نیستی. تو وقتی سهم و حرکت خودت را انجام می دهی در واقع سنگ ریزه‌های جلو خودت را بر می‌داری. با این ایمان که خداوند سنگ‌های بزرگتر را بر می‌دارد.
پس با شهامت تغییر بده و به خداوند اعتماد کن.
شیطان در قسمت اول این دعا می آید و به تو میگوید تو می توانی و قادر هستی هر کاری را انجام بدهی. مگر تو اشرف مخلوقات نیستی، پس تو می توانی و احتیاج به خداوند نداری. مثال: گول زدن آدم و حوا.
پس نااطاعتی کن و زمام امور را در دست بگیر.
و تو اگر گول بخوری و به دروغ شیطان عمل کنی بعد از مدتی خسته می شوی و آن قدر زور میزنی تا ناامید می شوی و بعد شیطان می آید تا تو را نابود کند.
و در قسمت دوم، شیطان می گوید، نه نمی توانی، تو ضعیفی. تو قادر نیستی. ببین فلان مسئله ها را نتوانستی حل کنی و ... و کاری می کند که تو بترسی و حتی سهم کوچک خودت را انجام ندهی تا برکت به تو نرسد.
در واقع شیطان در جایی که خدا باید عمل کند از تو می خواهد که اوضاع را با سعی خودت تغییر دهی تا در نهایت خسته و ناامید شوی و در جایی که تو باید عمل کنی تو را ناامید می‌کند و می‌گوید نه، باید خداوند عمل کند و تو نمی‌توانی.
پس چیزی که خیلی مهم است، این است که جای این دو قسمت را در زندگی روزمره‌ی خودمان پیدا کنیم . پس در هر لحظه که به مانعی برخورد می کنی ببین به کدام قسمت از دعای آرامش مربوط می شود. آیا خداوند باید بجنگد یا تو؟
ما باید با تمام وجود ناتوانی خودمان را در برابر قسمت اول بپذیریم و به تولنایی خداوند اطمینان و اعتماد کنیم و در قسمت دوم به توان و قدرتی که خدا به ما عطا کرده ایمان بیاوریم و با شهامت جلو برویم و پیروز شویم.

تو اسب را برای پیروزی آماده کن و خداوند پیروزی را به تو می‌بخشد.

من نمی توانم دیگران را آن طور که به میل خودم است تغییر دهم و رام کنم تا هم با من باشند و هم به نفع من و در کل به ساز من برقصند؛ بلکه باید خودم را تغییر دهم تا با تغییر یافتن من، ظرفیت من زیاد شود و دیگران این تغییر را بچشند و خداوند بتواند مرا بلند کرده و از من استفاده کند.

بزرگترین و عظیم ترین تغییرات بیرونت با کوچک ترین تغییر درونت آغاز می شود.

آمین

انتقاد و ایراد

چرا وقتی از ما تعریف می‌کنند حالمان خوب می‌شود، راضی می‌شویم خوشحال می‌شویم اما وقتی انتقاد می‌کنند و ایراد می‌گیرند ناراحت می‌شویم و عکس العمل مدافعانه نشان می‌دهیم؟ مخصوصا وقتی کسی به نوشته‌هایم، رفتارم، گفتارم، خودم، خانواده‌ام، داشته‌ها و نداشته‌هایم حمله می‌کند.

اولین دلیلش این است که من خودم را صاحب داشته‌هایم می‌دانم.

اگر از چاپ کتاب هدفم بزرگ نشان دادن خودم باشد و یا برای برداشت پول این کار را انجام داده ام، پس اسیر غرور و طمع هستم.

پس ایراد گرفتن و انتقاد کردن دیگران برای من به این معناست که من نمی‌توانم از چاپ کتابم پول و قدرت بدست آورم. اگر هدفِ ایراد و انتقاد دیگران از تو درباره‌ی موضوعاتی شبیه داشته‌ها و نداشته‌های من بود و تو ناراحت شدی بدان آن‌ها بت‌های تو هستند و تو از داشتن این‌ها طمعی داری برای بدست آوردن. زیربنای بدست آوردنهایت، برای کسب قدرت است که نشان‌دهنده‌ی بی قدرتی توست.

پس غرور نشان از جدا شدن توست از خداوند . پس در تاریکی روحانی قرار می‌گیری و در جستجوی یافتن جایگزینی برای کمبود خدا در خودت هستی.

پس در غرور تاریکی به دنبال کسب قدرت و پول هستیم.

علت ترس ما در بی‌پولی به خاطر جدا شدن از قدرت پول است زیرا پول خدای ساست نه خالق.

پس ثروتمندان هرگز نمی‌توانند بفهمند آیا خداوند را دارند، یا خیر. تا زمانی که یا بی‌پول شوند یا حقیقتاً خود را از پول بی نیاز کنند و البته این در بخشش آنان هویداست.

۷۰/ کلینیک شادی و آرامش

انسانهائی که بخشنده‌ی پول هستند نشان می‌دهند خدا را دارند و اگر نبخشند نشان‌دهنده‌ی پول پرست بودن آنان است پس از خدا جدا هستند.

ترس از ایراد گرفتن و انتقاد کردن از ما، ریشه‌اش در غرور ، طمع و بی خدا بودن ماست. زیرا پایه‌های بت پرستی ما به لرزش می‌افتد برای همین اوج ترسهای ما در زمان انتقاد شنیدن و ایراد گرفتن از ماست.

پس ناراحتی من از شنیدن انتقاد و ایراد دیگران یعنی ترسیدن من و ترس نشان از ساخته شدن خانه ام بر روی شن و ماسه است و خودم می‌دانم که فرو می‌ریزد.

پس کسانی را دور خودم جمع می‌کنم که از من تعریف و تمجید کنند.

دوست و دشمن حقیقی تو اینجا نمایان می‌شود. دشمن تو کسی است که فقط تعریف و تمجید تو را می‌کند و دوست تو کسی است که ایراد تو را می‌گیرد حتی اگر ناخواسته باشد.

رنجش تشکیل شده از ترسِ پُر از انتقام و حق به جانب بودن که علتش ایراد گرفتن و انتقاد کردن از ماست. و در یک جمله: وقتی دیگران همانی نیستند که ما می‌خواهیم، رنجش شکل می‌گیرد.

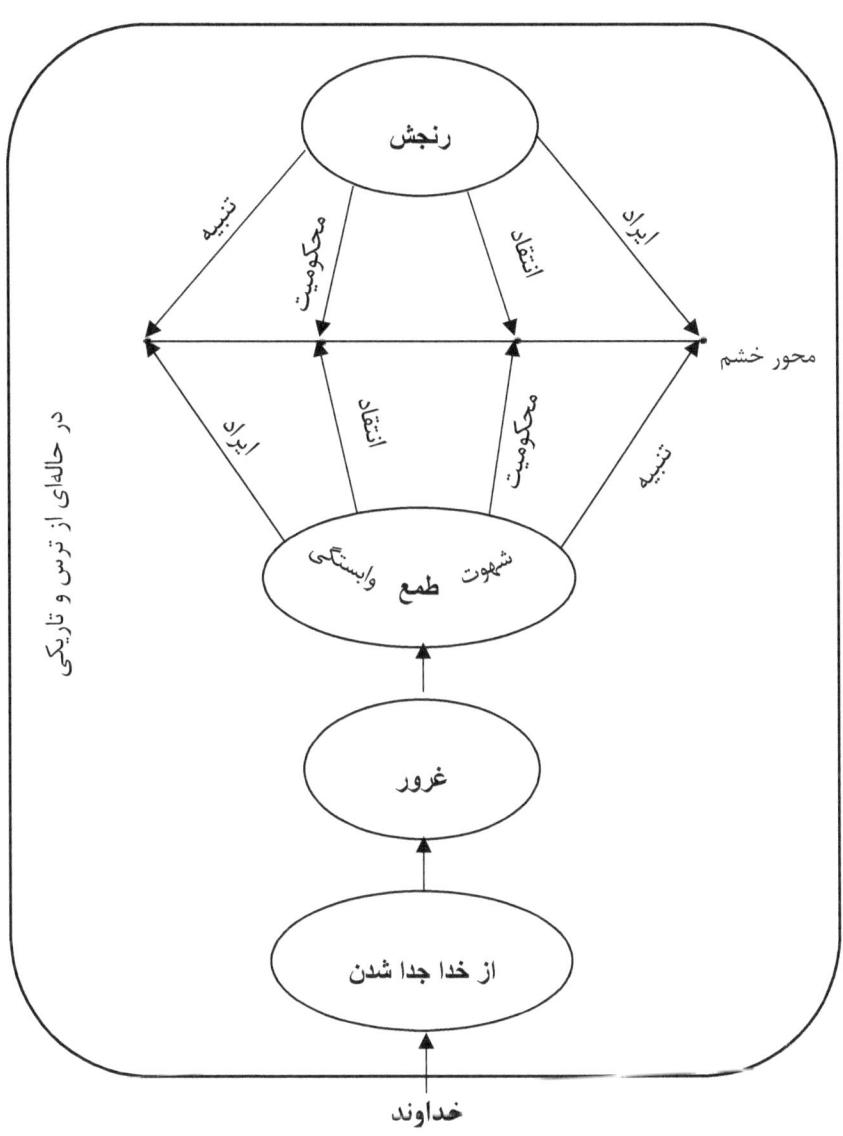

پس شکل بالا، جایگاه مرگ انسان مغرور است.

مرگ غرور، آغاز پیوند با خداست.

انسان مغرور همانند خار، نتیجه و محصولی ندارد جز در آتش سوخته شدن. انسانی که به خدا وصل باشد از شنیدن انتقاد و ایراد ناراحت نمی‌شود. بلکه سریعاً عیب خود را یافته و حقیقت را در خود جستجو می‌کند. یعنی ریشه‌های ضعف و بت‌پرستی خود را می‌یابد و آنها را ریشه‌کن می‌کند و آزاد می‌شود.

وقتی کسی در حق تو بدی کرد تو یا بدی او را می‌بینی یا حقیقت بدی کردنش را، اگر فقط بدی او را دیدی پس عکس‌العمل تو نیز بد خواهد بود. چون تو آن چیزی را می‌بینی که در خودت هست یعنی نقایص را می‌بینی و اینکه تو هم از خدا جدا هستی. اگر حقیقت بدی او را ببینی می‌فهمی که از خدا جدا شده پس می‌توانی به او محبت کنی چون این نشان از بودن خودت در زمین حقیقت است پس میوه ات محبت، مهربانی و رفع نیاز اوست.

ایراد گرفتن و انتقاد کردن از بچه ها برای انجام بدی‌شان، کاشتن و رشد بدی‌هایمان در آن‌هاست.

با دیدن بدی در بچه‌ها، آن‌ها را از بدی آگاه کن نه اینکه آن‌ها را تنبیه کنی. زمان تنبیه وقتی است که بچه به بدی کردن وابسته شده باشد.

وقتی کسی از تو انتقاد کرد و ایراد گرفت در خودت نگاه کن اگر راست می‌گوید پذیرا باش و از او سپاسگزار باش و اگر دروغ گفت یا اشتباه کرد برایش دعا کن.

وقتی کسی از تو ایراد می‌گیرد و انتقاد می‌کند اگر درست باشد برای تو، دوست بزرگی است. اگر چه در قلب خودش تو را دشمن می‌پندارد. اما با این ایراد گرفتن، به تو کمک کرده است(البته اگر درست بگوید) و اگر نادرست باشد، تو به او کمک می‌کنی پس دوست او خواهی شد و البته می‌توانی دشمن او نیز باشی و بدی‌اش را با بدی پاسخ دهی.

اگر جنست را در قبال دریافت پول بخشیدی کار مهمی نکرده‌ای اما اگر جنس خودت را در قبال هیچ دادی حتی بدون دریافت تشکر، کار بسیار بزرگی کرده‌ای.

در تاریکی اعمال تاریکی را انجام می‌دهند و در روز اعمال روز را.

اگر نبخشیدی و در رنجش خود اسیر شدی حتما در ترس و تاریکی قرار می‌گیری و فقط ایرادها و عیوب او را می‌بینی نه خودت را و خوبی‌های او را نیز نمی‌بینی. پس به فکر انتقام می‌افتی و به گناه کشیده می‌شوی.

بزرگترین انتقام، کشتن دیگریست در خویشتن.

پس این به معنای قطع و خشک شدن چشمه‌ی محبت توست برای او. از کوزه همان طراود که در اوست. پس شروع به تهمت، غیبت و ... می‌کنی و در بیرون از خودت به دنبال فرصتی هستی برای ضربه زدن به او و انتقام گرفتن. پس بدی او را به او پاسخ می‌دهی با بدی چندین برابر.
انتقام پُر از وابستگی به خویشتن و بروز خشم از خویشتن به دیگریست.
و برای رفع کمبود و خلأ درونی به شهوترانی روی می‌آوری.

شهوت یعنی غرق شدن در لذت بیشتر داشتن و بهتر شدن.

انسان طمع کار هرگز هدفش از بیشتر داشتن مشخص نیست پس سقفی نیز ندارد. چون ناخواسته می‌خواهد جای خدا باشد زیرا از خدا جدا شده برای همین به فکر بزرگتر شدن، بلندتر شدن و وسیع‌تر شدن است، نه فرو رفتن در عمق زمین. انسان طمع‌کار، هرگز ریشه ای در زمین ندارد و فقط به فکر رسیدن به آسمان است و چون سقفی نمی بیند دائم در حال رقابت با اطرافیان خویش است. و در سرعتی اسیر است که نمی‌داند برای که و به کجا؟
از فروتنی‌ات می‌توانی به خدا وصل شوی.
میوه دادن و شکوفه دادن برای برکت دادن است برای بخشیدن است اما بعضی ها از گل و میوه‌ی خود برای به دام انداختن دیگران استفاده می‌کنند.

زکات زیبائی پاکدامنی است

دو قدرت داریم:
قدرت روشنائئ و خداوند
قدرت تاریکی و شیطان
تو نمی‌توانی تمام اعمال روز را در شب انجام بدهی و یا اعمال شب را در روز انجام بدهی. اگر کسی در شب و تاریکی به تو بگوید پیراهنت کثیف است یا دروغ می گوید یا پیراهن خودش کثیف است و بدان یا به تو تهمت می‌زند و یا خودش این کار را کرده است. تا وقتی خودم در تاریکی هستم نمی توانم پیراهن خودم را ببینم پس باید در روز و نور خدا قرار بگیرم تا حقیقت را در خود بیابم.
پس ناراحتی من از شنیدن انتقاد دیگران به این علت است که یا در روز هستم و خودم را نمی بینم یا در شب هستم و اصلا نمی توانم ببینم. نگاه کردن به خود، نماد در روز بودن است. پس پذیرش، فروتنی، محبت و بخشش، عکس العمل من است. نگاه کردن به بدی او، نماد در شب بودن است پس جنگ، ایراد، خشم، انتقام، بدگوئی، تهمت، کینه، نفرت، جدائی، بی محبتی و نبخشیدن عکس العمل من است.

(قدرتی که از خداست، میوه اش بخشش است و اگر از خداوند نباشد، میوه اش ظلم و ستم است.)

اگر زندگی ات را به خدا سپرده ای پس تو را جائی می برد که خواست خود اوست پس ترس از شکست بی معناست و ریشه اش در نسپردن است. وقتی پولت را به بانک سپرده ای پس چرا هنوز از کیف خودت به سختی محافظت می کنی. آیا این یک توهم نیست؟
کسی که نمی سپارد راضی به رضای خدا نمی تواند باشد، زیرا هدفش کسب طمع است برای جبران غرور تاریکی که او را از خدا جدا کرده است.
تو حتی می توانی با برکات خداوند از خود خداوند جدا شوی پس،

مواظب باش قدرت داشته هایت، جایگزین قدرت خدا در تو نشود. مواظب باش در راه خدا، خدا نشوی.

زیباتر شدن با لباس های زیبا، بسیار نیکوست اما به دام انداختن دیگران با این لباس از پلیدی درون توست. همانند قارچ زیبای سمی.

بیشتر داشتن و نبخشیدن یعنی خساست و جدا بودن از خداوند. یعنی بت پرستی.

کمتر داشتن و بخشیدن نشان از با خدا بودن توست. بخشش فقط در عملکرد با معناست، نه در گفتار یا میزان.

اندک مایه همراه با بخشش بهتر از انبوه مال و ثروت، اما دریغ از یک جو بخشش.

بزرگترین و اولین چیزی که تو را به گناه می کشاند غرور است. پس لطف خداست که اجازه می دهد ما بدی دیگران را ببینیم (و البته نقص های آنان را) تا متوجه ضعف های درون خودمان شویم و تاریکی درون را ببینیم و تشخیص دهیم که چه بتهائی در درون تاریکی قرار دارند

جای بت ها در دل تاریکی است.

ضعف ما، پنهان در درون ماست و رنجش، همه ی ضعف های ما را آشکار می کند. ما نقص های خود را در دیگران می بینیم و ضعف های خویش را از طریق رنجش می یابیم و این بسیار عالیست.

ملتی که همیشه در جنگ است، همیشه ناراحت و اخمو هستند اما رو به رشد بهتری هستند در مقایسه با ملتی که همیشه در شادی هستند.

بزرگ‌ترین لطمه‌ها همیشه در روز است، نه شب.

روز نماد اعتماد به غیر خدا و آغاز ناهوشیاری توست و کمبود ترس و کمبود هوشیاری توست و این یعنی ندیدن و فراموش کردن ضعف هایت.

شب نماد هوشیار بودن و ترسیدن است و خم شدن زانوانت به سمت خداوند. انسان‌ها در شب، هنگام مواجهه با گرگ بسیار هوشیار هستند، اما در هنگام روز به سادگی فریب گرگ های در لباس میش رفته را می خورند.

ترس بالابرنده ی میزان هوشیاری توست چه در روز و چه در شب.

ترس از خدا به معنای هوشیاری کامل تو برای جدا نشدن از خداوند است. در کنار خدا بودن پُر از صلح و آرامش است. پس ترس از خدا، اشاره به سرزمین تاریکی و دردهاست که اگر از خدا جدا شوی حتما به آنجا می روی. پس این ترس، هوشیاری می‌آفریند که پُر از حکمت است، حکمتی که تو را از جدا شدن از این سرزمین و تاوان‌های آن آگاه می سازد. پس:

تبدیل — تبدیل — تبدیل

ترس ⟵ هوشیاری ⟵ حکمت ⟵ با خدا بودن و شکرگزار بودن

فضای غرایز پر از حکمت است و حکمت انباشته از ترس است. زیرا چه در خدا باشی و چه نباشی، ترس، از سرزمین اکنونت و داشته های تو چه آشکار و چه پنهان خبر می دهد. اگر داشته هایت در روز و در کنار خدا باشد، شاید کم کم آنها برایت تکراری شوند پس آنها را بر لب طاقچه‌ی عادت از یاد می بری و دیگر نمی‌بینی.

حکمت نشان دهنده ی ارزش داشته های توست

خدا را بر سر طاقچه های عادتت فراموش مکن

پس شکرگزار خواهی بود زیرا می دانی از دست دادن داشته هایت به چه معناست. سپاسگزاری باعث نگه داشتن داشته های توست. ناسپاسی به معنای ندیدن آنهاست و البته ندانستن آنها زیرا دو کس مُردند و سودی نبردند، آن که داشت و نخورد و آن که دانست و نکرد.

نداشتن و آگاه بودن، بِه زِ داشتن و ناآگاهیست.

داشتن و آگاه بودن، بهترین سپاسگزاریست.

اسراف کردن، ناسپاسی است، پُر از ناآگاهی

تبدیل   تبدیل

باور ⟵ ایمان ⟵ یقین

(A) سقوط (B) صعود

روز ⟵ شب ⟵ **روز**

جایگاه (A) آغاز حضور در تاریکی و پایان حضور در نور است.

جایگاه (B) آغاز حضور در نور و پایان حضور در شب است.

هر روزی به شب می رسد و هر شبی به روز:

از شناخت ضعف هایت به باور اشتباهت می رسی و از شناخت باورهای اشتباه، می‌توانی باورهای درست بسازی و آزمایش ایمان برای ساخته شدن توست تا به یقین برسی.

پس به تعداد روزهای عمرت می توانی باورهای درستی نسبت به خداوند بدست آورده و آن را در آتش کوره‌ی آزمایشات و امتحانات به جامی زیبا بنام یقین تبدیل کنی.

قهرمان حقیقی، نگاهش به ضعف خویش است نه مدالش.

هر جام نشان دهنده‌ی باور و ایمان توست.
قهرمان حقیقی کسی است که به ضعف های خود پی ببرد.

پس این را بدان .... این نیز بگذرد ....

هر چه بیرون توست، همچون فصل‌های زندگی، می‌گذرد و آنچه می‌ماند درون توست. پس راه های شناخت خدا بسیار است اما راه رسیدن به خدا یکی است و آن حضور خدا در توست و این کار خداست نه انسان. اما قبل از حضور خدا، خانه ی او را تمیز کن و قبل از تمیز شدن باید از کثیفی‌ها آگاه شوی.

کسی که در شب قرار دارد حتما از روز به آنجا رسیده است پس ترس او نشان از خواب بودن در روز اوست پس ناامیدی بی معناست چون حتما روز می شود در زمان خاص خودش و این ربطی به دعای ما برای روز شدن و در روز آمدن ندارد. دعایت کسب اعتماد به خدا باشد تا بهترین درس و نتیجه را از ماندن در شب بدست آوری. آزمایش ایمان تو در تاریکی انجام می شود. نور را در تاریکی می‌آزمایند نه در روز. خورشید آفریننده ی روز است و ماه روشن کننده ی تاریکی شب. ماه همسر خورشید است. دور شدن خورشید نشان از نبود نور در شب نیست چون ماه هنوز نور خورشید را به زمین در شب منعکس می کند. ما پرهیزگاران نور دهندگان خدا هستیم در شبِ تاریک انسانها.

نور ماه تنها دلیل وجود خورشید، در آن سوی تاریکی است.

میزان هوشیاری تو در آخرین لحظات تاریکی، کمتر و کمتر می شود، چون پا در روز می گذاری و می توانی بخوابی و آرام بگیری.

در شب تاریک، آرام بگیر و بمان و دعا کن. در اوج مشکلات بمان و دعا کن و بخواب.

لحظاتی که از خدا جدا می شوی هوشیار باش تا تو را به گناه نکشانند و در مشکلات مواظب باش گناه نکنی. در زمان صلح و آرامش، تهران پایتخت ایران است اما در زمان جنگ و ناآرامی، هر تکه از مرزهایش، پایتخت اوست.

وقتی در ادامه مسیرت به سمت قله به تاریکی برخورد می کنی چراغت را روشن کن و آرام آرام ادامه بده. ایمان تو در روز ساخته شده است و در شب به یقین تبدیل می شود تا در تاریکی، شمع و روشنی بخش مسیر تو به سمت درستی و حیات باشد.

برای به دام لنداختن دیگران در شب، آن ها را تأیید می کنند و بهترین دلنه ها را برایشان همچون فرشی پهن می کنند تا به دام بیفتند اما برای اینکه تو بتوانی نور بهتری داشته باشی برای ادامه ی مسیرت نیاز به انتقاد کنندگان و ایراد گرفتن دیگران داری.

البته کسانی هم هستند که میلی به داشتن نور در شب ندارند زیرا نمی‌خواهند اعمال تاریکی آن ها نمایان شود. پس تو را قضاوت می کنند و به تو تهمت می زنند پس برایشان دعا کن و رهایشان کن.

آب را به کسی بده که تشنه است، هر کس به عمق خواسته هایش از نوشته هایت برداشت می کند.

چاه عمیق تر، آبش فراوانتر است. آب سطحی محکوم به خشک شدن و نابود شدن است. ارزش هر چاه به عمق آن و شدت آب و فراوانی آن بستگی دارد.

با حضور بیشتر خدا در تو، عمق نوشته هایت بیشتر می شود و این یعنی پاک تر شدن امروزت نسبت به دیروزت

همراهان تو با تو به عمق چاه می آیند و انتقاد کنندگانت پر از ترسند و نمی توانند وارد چاه شوند و البته محتاج تواند. ایراد گرفتن آنان باعث عمیق تر شدن چاه تو و بیشتر آب را دریافت کردن می شود.

چاه کَن، چاه را از روی سطح زمین به عمق زمین حفر می کند کم کم اما پیوسته و مفید. پس،

چاه کن سازنده‌ی راهی است برای همراهان خویش.

نویسنده، خوانندگان خاص خود را داردکه همراهان اویند پس اول نویسنده ساخته می شود و می نویسد، بعد خوانندگان خاص خود را کم کم می سازد. پس هر خواننده ای که نوشته های نویسنده را از دل دنبال کند می تواند به همان عمقی که نویسنده رسیده است او نیز برسد.

انتقاد کنندگان چند دسته اند:

اول: در من بدی می بینند و می گویند (همان نقص و ضعف) (دوستان حقیقی)

دوم: در من بدی می بینند و نمی گویند (ریا کاران)

سوم: در من بدی می بینند اما مرا مسخره و قضاوت می کنند (ترسوها و بزدلان)

دوستان حقیقی تو دسته ی اولند، پس از آنان سپاسگزار باش.

کسانی که تو را دشمن می پندارند بدی خود را در تو می بینند اما نمی پذیرند پس از تو ایراد می گیرند، اما تو برایشان دعا کن و دعای تو آفریننده ی پذیرشی در آنهاست.

دسته ی دوم دشمنان حقیقی تواند که بدی ات را می بینند اما نمی گویند. زیرا طالب سقوط تو هستند و اوج تعریف و تمجید آنان از تو در آخرین لحظات ایستادن توست.

ترسوترین، بزدل‌ترین و بدبخت‌ترین انسان‌ها، دسته‌ی سوم هستند که در حال مسخره کردن و قضاوت تو هستند. اگر بدی تو را مسخره کردند، بدان خودشان آن ایراد را دارند اما توان و شجاعت پذیرش آن را ندارند و اگر خوبی تو را مسخره کردند، بدان در حسرت داشتن خوبی تواند. از دسته ی اول سپاسگزاری کن، از دسته ی دوم دوری کن و دسته ی سوم را فراموش کن. پس نیکوترین این است که بگذاری از تو انتقاد کنند اما تو خوبی های دیگران را تشویق کن با نیت درست و ترویج نیکوئی.

در شب نور باش و در نور روز، فقط انجام دهنده ی کار درست باش

بزرگترین تغییرات در جهان اطرافت با کوچکترین تغییر در درون تو آغاز می شود.

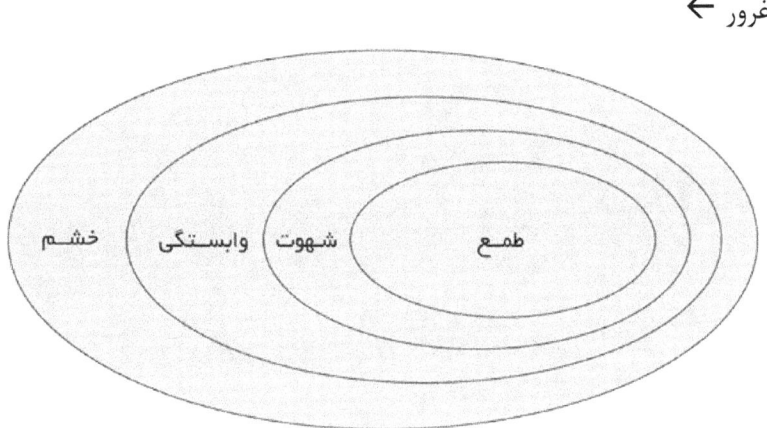

غرور ←

در چاه طمع، اسیر لذت شهوت می شوی. پس به تاریکی چاه اسیر می شوی و وابسته ی آن می شوی و دستان نجات دهندگانت را رد می‌کنی با خشمی بسیار زیاد.

لذت بردن در تاریکی گناه، نفرت از روشنائی آزادی است.

غرور آغاز سقوط است به چاهی به عمق طمع هایت یعنی تا به سرزمین مرده ها و نابودی ها.

آمین

خواستن و خواهش

خواستن های من جزو آرزوهای من است که خداوند حتما در آن شریک است پس از روح من نشأت می گیرد و در قلب من ساکن است.

خواهش های من از نفس سرچشمه می گیرد که برای لذت بردن و فرار کردن از آن استفاده می‌کنم.

مثال: در لیست خواستن: رابطه ی جنسی با همسر است اما در لیست خواهش: رابطه ی جنسی با همسر دیگریست.

ضعف یعنی کمبود و می خواهد با لیست خواهش جبران شود.

در خواستن های ما، قدرت روحانی نهفته است. پس آرامش، شجاعت، بخشش و خداخواهی، اثرات و میوه های آن است.

اما در خواهش، پُر از تاریکی و کمبود است پس پُر از ترس، نبخشیدن، قضاوت و ... است.

پس اگر در آرزوئی از خودت ترس دیدی، بدان در لیست خواهش های توست که از طمع درونت سرچشمه می گیرد و حاصل جدائی تو از خداست یعنی بودن تو در غرور. بزرگترین گناه، غرور است چون بزرگترین اتفاق بد جدائی توست از خداوند.

ما عاجز و ناتوانیم در مقابل خواهش های نفسانی نه خواستن ها.

یعنی هرچقدر خواهش های خودت را تکرار کنی و بدست بیاوری بیشتر درد می‌کشی.

تو می‌خواهی و بدست می‌آوری اما جوابگوی خلأ درونت نیست چون نیاز ما روحانی است نه جسمانی.

انسان روحانی با داشته‌های جسمانی در آرامش است اما انسان جسمانی با داشته‌های جسمانی نمی‌تواند به آرامش برسد، او فقط به آسایش می‌رسد.

مثال: تو در مسیر راهت فلز زرد رنگی را می‌بینی و خیال می‌کنی که طلاست، اما تا به آن می‌رسی می‌بینی طلا نیست و فقط زیباست. پس آنرا بر می‌داری. اگر طلا باشد، نه شکلش، بلکه جنس آن مهم است، اما اگر طلا نباشد، فقط شکل آن برایت مهم است و نه جنس آن. نکته‌ی مهم این است که خواستن‌های ما یا آرزوهای ما از جنس طلا هستند اما خواهش‌های ما طلا نیستند اما فقط ظاهرشان زیباست.

ما مردان، زن را می‌خواهیم چون جنس آن طلاست اما زن دیگری را برای طلا بودنش نمی‌خواهیم، بلکه فقط برای زیبایی او می‌خواهیم.

پس در مسیر زندگی باید از خود پرسید به دنبال چه می‌گردی؟ آیا به دنبال طلائی یا فلز زیبا؟ پول ظاهر است و طلا باطن.

پس خیلی مهم است آنچه درون خود ماست را تفکیک کنیم آیا خواستن است یا خواهش؟

قدمهائی که برای گناه راه می‌رود فقط به دنبال زیبائیهاست.

به دنبال بهترینهاست. اما خانواده‌ی خود را هر چند زشت باشند دوست داریم.

ما عاشق خواستن‌ها می‌شویم و وابسته‌ی خواهش‌ها، برای همین عاشق رهاست و وابسته، اسیر.

مالک، عاشق است و حامل، وابسته. غمِ پُر از ترس مختص حامل‌هاست. انسان مالک، وارسته و شاد است هرچند در درد باشد.

عاشق، معشوق خود را حقیقتا می‌خواهد، حقیقتی از جنس خواستن.

وابسته، معشوق خود را فقط برای ارضای خواهش های خود می‌خواهد پس ما بین آنها همیشه پُر از شک، تردید، ایراد و قضاوت و جنگ و جدائی است.

عجز و ناتوانی به معنای غیر قابل اداره بودن است. یعنی کسانی که وابسته هستند نمی توانند زندگی خود را اداره کنند زیرا پُر از بی قدرتی، شک و خواهش های نفسانی هستند.

قدرت انسان وابسته خیلی کمتر از آن است که بخواهد کسی را تغییر دهد یا کسی را کنترل کند.

انسان طمعکار به دنبال خدائی کردن و تغییر دادن دیگران است پس همیشه شکست همراه اوست.

پس معنای عاجزم و ناتوانم این است که خدایا من نمی توانم جای تو باشم و خدائی کنم.

کسی که عاشق است حتما بر روی صندلی خودش نشسته است، تنها جائی که خدا برای انسان می خواهد جایگاه عاشقی است نه وابستگی؛ و

این عاشقی محصول ارتباط با خداست و پذیرش خدا نبودن او و انسان نبودن خداوند.

من زندگی خودم را می توانم کنترل کنم اگر بفهمم خدا نیستم ولی تا به جای خدا قرار می گیرم باید تمام موجودات را خدائی کنم پس نمی توانم جز اینکه لحظه به لحظه در گناه غرق شوم.

قضاوت کردن و ایراد گرفتن، یعنی ادعای خدایی کردن

هیچ انسان وابسته ای نمی تواند عمق خواهش های خود را ببیند چون در تاریکی است، اما می تواند هدف خواستن های خود را ببیند.

مثال: خدایا به من کار بده تا درآمد کسب کنم برای ادامه ی زندگیم =خواستن
صبح تا شب کار می کنم، پول در می آورم و خرج می کنم، هدف مشخص نیست
و فقط کار کردن برایم مهم است = خواهش
خواهش همانند مسیر دایره شکلی است که فقط در آن می چرخی و آغاز و پایانی ندارد.

ما خواهش های خود را از شیطان طلب می کنیم برای همین در قبال دریافت خواهش باید بهائی پرداخت کنیم. اما خواستن‌های ما از خداست و فقط باید شکرگزاری کنیم و به او اعتماد کنیم.

این را بدان خدا از تو یک چیز را می پُرسد، ای انسان آیا واقعا و حقیقتا تو این را می خواهی یا نه؟ واقعا آن را دوست داری؟

خیلی مهم است که من چه چیزی را می خواهم. برای همین چقدر زیباست که من آرزوهای خودم را که دوست دارم، بنویسم.

طمع از شنیدن آغاز می شود و شهوت از دیدن

این دو زیربنای خواهش است پس از شهوت و طمع، یعنی دیدن و شنیدن هر آنچه غیر خداست فرار کن. اما خواستن های ما ربطی به آنچه می بینیم و می شنویم ندارد چون از باور ما و روح ما سرچشمه می گیرد. پس از ایمان ما می آید. یعنی خدایا می دانم که تو می توانی این آرزو را بدهی هر چند در خودم توان آن را نمی بینم. دو دروغ در برابر آرزوهایت می شنوی اول طمع می گوید پس کی می دهد. دوم شهوت می گوید مطمئنی می دهد، پس اگر می دهد چطور می دهد و ... ؟

پس فقط خواستن های خود را پیدا کن، بنویس و به خداوند بسپار و رها کن و به قدرت، دانائی و محبت او بنگر نه لیاقت و توان خودت.

یکی از بزرگترین راه‌هایی شیطان برای نابود کردن انسان این است که اجازه نمی‌دهد انسان خواستن‌ها و آرزوهای خود را بیابد و بنویسد و از خدا طلب کند و

این یعنی همیشه با شهوت و طمع تو را سرگرم خواهش‌های بدون هدف و انتها می‌کند.

اگر پول طلب کنی خدا به تو می دهد به شرطی که هدفت را مشخص کنی. پس اگر به هدفت رسیدی و باز ارضا نشدی بدان این طلب تو خواهش بوده نه خواستن و آرزو.

پس همیشه از خودت بپرس به دنبال چه می گردی؟

از خدا کمک بگیر برای یافتن خواستن های خویش و او حتما به تو کمک می کند و هر زمان که راه خود را گم کردی و حالت بد شد و ترس تو را اسیر کرد به سراغ این لیست برو و آن را بخوان تا بفهمی به دنبال چه می گردی.

یکی از مشکلات انسان، سر در گمی است و این ریشه در ندانستنِ خواستن های خویش است.

پس مواظب باش آیا به دنبال باد می دوی یا به دنبال سایه ای. پس هرگز نمی رسی و پایانی نیست زیرا هرگز عمق خواهش های ما تمامی ندارد و دست نیافتنی است.

خداوند جواب طمع انسان را نمی‌دهد.
خدا جواب نیاز و آرزوهای مرا می دهد.

در بعد از نوشتن آرزو، ساعت مچی ات را باز کن و به خدا اعتماد کن.

وقتی هدف از انجام کاری را نمی دانی، آن مسیر، مسیر خواهش است نه خواستن.

لذت بردن، همان ندانستن از انجام دادن است. فضای لذت بردن پُر از فراموشی انگیزه ی این مسیر است.

طمع مرا به مسیری می کشاند که انتهائی ندارد و شهوت مرا در لذتی اسیر و غرق می کند تا نفهمم و درک نکنم چقدر مسیرم اشتباه است.

لذت بردن حتما در تاریکی است، یعنی غرور و جدائی از خدا و چون در تاریکی پُر از ترس می شویم و چیزی نمی یابیم برای نجات به هر آنچه در آن اسیر هستیم وابسته‌ی شدید می شویم و هر کس بخواهد ما را از آن جدا کند با خشم شدید ما روبرو می شود.

وقتی ازدواج کردی و نفهمیدی هدفت چیست و برای رابطه‌ی جنسی یا انجام گفتار دیگران تن به این وصلت سپردی، این می شود خواهش نفسانی. اما اگر هدفت کمک کردن و انجام کار درست باشد، هدفت می شود خواستن آرزو و انجام کار خیر.

پس خواستن ها و آرزوهای ما پر از کارهای نیک و خیرخواهانه است.

پس سه چیز وجود دارد: نیاز، خواستن، خواهش

خداوند جواب نیاز تو را امروز می دهد، جواب خواستن های تو را فردا و جواب خواهش های تو را هرگز نمی دهد.

سعی کن نیازهای فرزندانت را برآورده کنی و کمکشان کنی تا به خواستن‌ها و آرزوهای خودشان برسند نه اینکه آنها را به خواهش های نفسانی خودشان برسانی.

نوشتن خواهش ها یعنی سحر و جادو؛ نوشتن خواستن ها و آرزوها یعنی ایمان به خدا و سپردن به او.

در بازاریابی فروش اجناست از دَرِ خواستن وارد شو نه خواهش، یعنی برای بخشیدن جنس نیکویت برو نه بدست آوردن پول و طمع.

خواستن های من مورد تهدید نیست اما خواهش های من همیشه مورد تهدید است. جنگ، ستیز و نبرد من در خواهش های من است نه در خواستن های من. خواستن رو به صعود، قله و روشنائی است، اما خواهش رو به قعر، سقوط و تاریکی عمیق چاه است. برای همین:

همیشه خطر در کمین ماست که در خواهش ها بیفتیم نه خواستن ها.

خواستن ها از بالا داده می شود و خواهش ها از عمق تاریک چاه ها. خواسته های ما را خدا برآورده می کند در مسیری که برای ما مهیا می کند تا به قله و روشنائی برسیم. اما خواهش های ما را شیطان برآورده می کند تا به عمق تاریک گناه بیفتیم و اسیر شویم.

نیت ازدواج می شود خواستن، اما نیت ازدواج با یک شخص بخاطر زیبایی، هیکل و صورت و داشته‌های او می شود خواهش.

پس در مسیر ازدواج و خواستن هایت حرکت کن نه مسیر ازدواج و خواهش هایت.

زندگی هائی که از خواستن سرچشمه می گیرد پُر از عشق، بخشش و زیبائیست. اما اگر بر طبق خواهش بنا شود حتما در درد، جدائی و اختلافات شدید اسیر می شود، پس رو به نابودی و طلاق می رود.

ازدواج از روی طمع و شهوت، پُر از جدائی قلب هاست.

بگذار خداوند همسرت را بیابد تو فقط نیت کن و خدا همسرت را به تو عطا می کند. از تو حرکت در مسیر خواستن و از خدا برکت و عطای آرزوهایت. آمین

خداوند نیاز و خواستن های تو را نیکو می داند پس بهترین ها را به تو عطا می کند.

وقتی در مسـیر آرزوها و خواسـتن هایت حرکت میکنی آن وقت اسـت که با قدرت صـحبت می کنی و کلامت پُر از قدرت اسـت اما اگر در مسـیر خواهش هایت قرار بگیری پُر از ضعف هسـتی و کلامت پُر از شک، تردید و ضعف است. پس هدفت از پا گذاشـتن در هر مسیری خدمت کردن باشد تا بهترین ها برایت رقم بخورد. همراه با عطای قدرت عظیم در رفتار و گفتارت. راه خواسـته ها از سـمت خداوند باز می شود و راه خواهش های ما از تاریکی درون و این راز شناختن این دو است.

لذت بردن یعنی اراده ی نفس را انجام دادن و درد کشـیدن، یعنی روح نمی خواهد اما نفس انجام می دهد. عجز و ناتوانی به معنای نخواسـتن روح اسـت و انجام دادن خواهش های نفس توسط جسم.

نفس برای جبران این دردِ نخواستن روح، تمام توان خود را برای بیشتر و بهتر لذت بردن به کار می گیرد اما همچنان که پیش می رود، بیشـــتر کنترل خود را برای مهار اطرافش از دست می دهد و این به معنای غیر قابل اداره کردن زندگی بر طبق نفس است.

بی نیاز شدن از ازدواج یعنی تصمیم برای اینکه به همسرم خدمت کنم، نه اینکه او به من خدمت کند، پس خواستن ازدواج به معنای پذیرش مسئولیت زندگی است.

امـا وقتی برای خواهش نفس ازدواج کنی بعـد از مـدتی طلاق می گیری چون از خواستن و آرزوی تو سر چشمه نمی گیرد. هر عملی از درون نشأت می گیرد، پس طلاق محضـری نشـأت گرفته از طلاق قلبی درونیسـت. هدفت از ازدواج کردن این جمله باشد که:

همه در ازدواج به دنبال کسی هستند که همانی باشد که آنها می‌خواهند، اما تو برای همسرت همانی باش که او میخواهد و این راز ماندگاری شراکت قلب‌هاست.

آمین

خارهای شخصیتی

وقتی تو مریض می‌شـــوی دکترها در بدن تو به دنبال جاهائی می‌گردند که علائم مریضی در آن نمایان است و نقاط منفی و بد را جستجو می‌کنند.
اگر تو لیدر هستی، کسانی به تو بهترین کمک را می‌کنند که در تو به دنبال عیوب و ضـعف باشـند. چون تو زودتر نقاط منفی و مریض خودت را تشـخیص می‌دهی و مداوا می‌کنی. اگر کســی عیب تو را نبیند، این عیوب پوشــیده می‌مانند و وقتی تو آن‌ها را می بینی که شـاید دیر شـده باشـد. مثلا اگر دیر بفهمی که سـرطان داری، دکتر برای تو کاری نمی‌تواند انجام بدهد.
سوال : چرا در ابتدای هر فعالیت، ما خیلی قوی هستیم ولی بعد ضعیف می‌شویم؟
چون در اوایل کار خیلی راحت انتقادها را می‌پذیریم و اجازه میدهیم کســـانی که مخالف ما هستند در کنار ما بیایند و آن ها با ایراد گرفتن بهترین کمک را به رشد و فروتن شدن ما می‌کنند. ولی به مرور زمان ما این افراد را از خودمان دور می‌کنیم و با این کار رشد را در خودمان، متوقف می‌کنیم، یعنی همه از ما راضی هستند اما ما از خودمان هرگز، چون فقط در جا می زنیم. [ما هم به افراد مثبت بین احتیاج داریم و هم به افراد منفی بین]
و از آن طرف افرادی را جذب می کنیم که ما را تایید می‌کنند و باعث می‌شوند که ما روز به روز ضعیف و ضعیف‌تر بشویم. پس خارهای شخصیتی دیگران برای رشد کردن و فروتن شدن ما بسیار لازم و حیاتی است و ما در طول مسیر به این خارها بیشـتر از تائید شـدن محتاجیم. پس اگر به خدا بگوئی، این خار را از بدن من جدا کن؛ خدا به تو می‌گوید وجود حکمت، تو را کافی است. یعنی تو با این خارها است که رشد می‌کنی، فروتن می‌شوی و شاد می‌شوی و قدرت خداوند را بهتر می‌بینی.
تو با دردها، مشکلات و خارهای شخصیتی دیگران است که رشد می‌کنی.
پس در میان این همه درد و مشکل، بیا و خداوند را با شادی عبادت کن.

انسان درستکار، خوب می‌داند که تمام این مسائل از دید خداوند دور نیست و برای آزمایش ایمان اوست تا قوی تر بشود و رشد کند. پس در هنگام رشد، بهانه‌گیری نکن و شاد باش، چون قرار است خدا از این رشد تو برای انجام اراده‌اش استفاده کند.

خیلی از ماها ماسک می زنیم. هنوز درونمان پُر از خشم، ترس و گریه است اما ماسک صبر، فروتنی و اطاعت کردن می‌زنیم. بله در ظاهر از انسان‌ها اطاعت می‌کنیم اما در باطن از خداوند نااطاعتی می‌کنیم. خداوند قلب تو را می خواهد نه ظاهر تو را. او فروتنی تو را در جسم، جان و روح تو می‌خواهد.

از خارهای شخصیتی دیگران برای ساخته شدن بهترین استفاده را بکن و فرار نکن. بایست و رشد کن.

خوب به اطرافت نگاه کن، شاید خیلی از جنگ‌ها، غیبت‌ها، تهمت‌ها و ... به خاطر تحمل نکردن خارهای شخصیتی دیگران است.

مردم جهان با چه دیدی به این خارها نگاه می‌کنند؟

خیلی از آن‌ها به فکر رشد کردن نیستند و وقتی به این خارها نگاه می‌کنند چیزی جز درد و غم و غصه را به یاد نمی‌آورند.

اما در حقیقت اگر ما دید خود را عوض کنیم و به دید وسیله‌ای برای رشد کردن به آن‌ها نگاه کنیم چقدر راحت می‌شویم. چقدر تحمل و صبر ما زیاد می‌شود. چقدر از عکس‌العمل‌های بد ما کم می‌شود.

چقدر فروتن می‌شویم و چقدر خداوند ما را بلند می‌کند.

اگر ما فقط به کسانی محبت کنیم که خارهایشان ما را اذیت نمی‌کند با ریاکاران چه فرقی داریم؟ به بدی‌کنندگانتان محبت کنید و آن‌ها را دوست داشته باشید. با آغوش باز از خارهای شخصیتی دیگران استقبال کنید. دیگران را که به شما آزار می‌رسانند دوست داشته باشید چون این آزارهاست که تو را فروتن می‌سازد. البته اگر دید تو درست باشد.

اگر کوچک‌ترین خاری به بدن مار فرو کنی سریعاً عکس‌العمل وحشتناک او را می‌بینی، چرا؟ به دو علت:

اول: چون در دهان مار نیش است. او همیشه آماده‌ی ضربه زدن و عکس‌العمل بد نشان دادن است.

دوم: چشمان مار، زاویه‌ی دید مار نسبت به اطرافش حالت تهاجمی است و به کوچک‌ترین حرکت محیط اطرافش عکس‌العمل بد نشان می‌دهد. پس به چشمان و گوش‌هایت یاد بده به آنچه بر خلاف میلشان دیدند و شنیدند عکس‌العمل بد و مارگونه نشان ندهند.

اما خدا از ما می‌خواهد کرم باشیم، بدون آزار رساندن، بدون عکس‌العمل بد نشان دادن، نیش زدن، دفاع کردن و بدون بد نگاه کردن.

مثل مار باهوش باش ولی مثل مار نیش نزن و آزار نرسان.

مثل کبوتر بی‌آزار باش ولی مثل کبوتر بی‌حواس نباش تا تو را به راحتی در دام صید کنند.

خداوند نیش مار و کبوتر بی حواس را نمی‌خواهد. او مار باهوش و کبوتر بی‌آزار را می‌خواهد. یعنی به تو می‌گوید که به خارهای شخصیتی دیگران با دید باز نگاه کن و درک کن که با این خارها تو می‌توانی در خداوند رشد کنی. پس با درایت و باهوش باش و بی‌آزار باش نسبت به دریافت خارهای شخصیتی دیگران و اجازه بده ساخته شوی و صدایت را بلند نکن. مردم خیلی راحت کرم‌ها و کبوترها را در دست‌هایشان می‌گیرند. اما مار را هرگز!

مولانا می‌گوید: جوجه تیغی وقتی می‌خواهد مار را شکار کند، اول مار را گاز می‌گیرد و بعد جمع می‌شود. مار هم طبق معمول سریعاً واکنش نشان می‌دهد. در نتیجه تمام خارهای جوجه تیغی در بدنش فرو می‌رود و در اثر خونریزی می‌میرد. اگر در برابر مشکلات و دردها و خارهای دیگران مثل مار عمل کنی، خیلی زود از پا می‌افتی. پس اجازه بده خداوند با این خارها تو را به کرم تبدیل کند. چون کار او تبدیل است. اگر قرار است بر دیگران تاثیر بگذاری باید کرم باشی و فروتن بشوی

وگرنه هیچ انســـان عاقلی به ســـراغ مار یا تو نمی‌آید و حتی به آن نزدیک هم نمی‌شـود. بدانید بزرگترین شـما، خدمتگزارترین شـماسـت. خدمتگزارترین شـما، فروتن‌ترین شماست. وقتی به مار و کرم نگاه می کنی :

شـــاید از زیبایی مار به وجد بیایید و از ظاهر کرم حالتان به هم بخورد. اما خداوند انسـانی را می‌خواهد که کرم شـده باشـد. فروتن شـده باشـد. تا بتواند بیشـتر از آن استفاده کند. چون خداوند فروتنان را بلند می کند. پس خداوند بدنبال ظاهر نیست، بلکه باطن را می‌خواهد.

پس در نهایت تو باید یاد بگیری در فکر تغییر دیگران نباشـــی و از کســـی کینه و رنجش به دل نگیری بلکه او را دوست بداری و همیشـه شاد باشی. پس اگر خدا را دوست می‌داریم و مطابق خواست و اراده‌ی او زندگی می‌کنیم باید بدانیم هرچه در زندگی ما رخ می‌دهد به نفع ماســت. پس با پذیرفتن خارهای شـخصـیتی دیگران، جدایی‌ها برداشـــته می‌شـــود و دشـــمنی‌ها نیز تمام می‌شـــود و می‌فهمیم که بدی کنندگانم را باید دوست داشته باشم و جنگ من با شیطان است.

باور کن هر چه از مردم و دنیا بخواهی، مُی‌توانی با فروتن شـــدن و کرم شـــدن به دست بیاوری.

مثال: دیر آمدن دیگران به ســـر وعده‌ای که با تو کرده‌اند و ماندن و ســـاختن تو و بیشتر محبت کردن تو، زیرا آنها تو را می‌سازند.

یعنی هر چه دیگران بیشتر به تو بد می کنند تو خوشحال‌تر می‌شوی چون می‌دانی این فرصـــتی اســـت برای رشـــد کردن تو و در این موقع که دیگران تو را از بیرون می‌بینند تعجب می‌کنند. تو به آنها می‌گوئی در خداوند شـــاد باشـــید و این بهترین روش پیام خدا را دادن است.

آمین

راه بخشش

اگر از کسی نفرت دارید، و نمی‌توانید او را ببخشید، به خاطر آسمان تاریک قلب شماست که اجازه‌ی حضور نور بخشش خدا را به قلبتان نمی‌دهد. با به کار گرفتن تعلیمی که در ادامه می‌آید، می‌توانید بر این نفرت و سیاهی درونتان غلبه نمائید.

اول، اسم کسی را که نمی‌توانید ببخشید، بنویسید.

دوم، به چه علت او را نمی‌بخشید. این علت را یادداشت کنید.

سوم، لیستی از خوبی‌های آن شخص تهیه کنید.

چهارم، خدا را به خاطر تک‌تک خوبی‌های آن شخص شکر کنید.

پنجم، برای آن شخص، با صدایی رسا دعای خیر و برکت کنید.

ششم، حال که آن‌ها به تو بدی کرده‌اند و زمان واکنش توست، اگر خدا جای تو بود چه واکنشی نشان می‌داد؟

اگر صادقانه به این سوال‌ها پاسخ دهید، نور بخشش در قلبتان خواهد تابید و نفرت، دیگر در قلبتان جایی نخواهد داشت.

آمین

(جدول صفحه‌ی بعد، به شما کمک می‌کند تا تعلیم گفته شده را به کار ببندید.)

اسامی نبخشیدگان	علت‌های نبخشیدن	نوشتن خوبی‌های آنان	خدا را به خاطر خوبی‌های آنان شکر کن	برایشان آرزوی برکت کن	اگر خدا جای تو بود، واکنشش چه بود

هفت قانون کورا

قانون اول

قانون فکر

فکر همیشه دو مورد را می گوید:

۱- اگر در مورد خودت گفت : بدان بر عکس آن هستی

۲- اگر در مورد دیگری گفت : بدان دروغ می گوید.

قانون دوم

قانون دیدن

۱- هر چه در دیگران می بینی در خودت هست، پس رنجیدن از دیگران بی‌معناست.

۲- تو خدا نیستی پس می توانی اشتباه کنی؛ اما تکرار اشتباه می‌شود گناه؛ دنیا همانند کوه است و هر چه بگویی و عمل کنی به خودت باز می‌گردد.

قانون سوم

قانون ترس

۱- اگر قبل از ورود به مسیری، ترس تو را فرا گرفت بدان آن مسیر حتما درست است! حرکت کن

۲- اگر در میان مسیر و انجام کاری ترس تو را فرا گرفت بدان آن مسیر اشتباه است پس فقط برگرد.

قانون چهارم

قانون خشم

دیگران خدا نیستند پس می توانند اشتباه و خطا کنند پس قضاوت و توقع انتظار بی معناست.

قانون پنجم
قانون حق اختیار
فکر ابزاریست در دستان تو برای ساختن هدفی درست، پس تصمیم بگیر از افکار نادرست اطاعت نکنی. در انجام کار درست، فکر کردن خطاست.

قانون ششم
قانون قدرت
از خداوند قدرت بگیر تا گناه نکنی. قدرت مطلق، فقط خداست.

قانون هفتم
قانون کردار درست
آغاز پاکی بیرونی، پاک شدن از درون است، فقط کار درست را انجام بده.

راز پاک کردن فکر، از درون است یعنی از درون نیت. فکر همانند عقربه ثانیه شمار، حرکتش قابل دیدن است.

احساس همانند عقربه دقیقه شمار، حرکتش به سختی قابل دیدن است. نیت همانند عقربه‌ی ساعت شمار، حرکتش غیرقابل دیدن است.

با انجام کار درست، نیت پاک می‌شود ← احساس پاک می‌شود ← فکر پاک می‌شود ← بیرون تو نیز پاک می‌شود. پس انجام کار درست یعنی ایجاد چشمه‌ای از درون برای سیراب کردن تشنگان بیرونت.

پس بر طبق هفت قانون: بخشیدن حق هر انسانی‌ست.

راز دعا کردن
قبل از دعا کردن این را بدان خدا می‌شنود پس با اطمینان به شنیدن او سخن بگو و به او بسپار.

زیربنای سپردن: ایمان به خداست.

سه پایه‌ی اصلی ایمان عبارتند از:

اول: خداوند، دانای مطلق اســت یعنی هر مشــکلی که امروز برایت اتفاق افتاده، خداوند دیروز برایت حل کرده است.

دوم: خداوند، قادر مطلق اســت یعنی او می‌تواند در هر لحظه و هر مکان، هر مشکلی را برایت به بهترین و زیباترین شکل حل کند.

ســوم: خداوند، محبت مطلق اســت یعنی خداوند می‌تواند به تو کمک کند، او عاشق بی‌نیاز توست، پس بخواه تا به تو داده شود هر آنچه در مسیر خداست.

همیشه به دنبال عیوب خودت در دیگران باش و این به معنای فروتن شدن است.

هر وقت حالت بد شد سپاسگزاری کن و هر وقت حالت خوب است گناه نکن

خداوندا

قدرتی عطا فرما تا کار نادرست را انجام ندهم،
شهامتی تا کار درست را انجام دهم
و حکمتی تا تفاوت این دو را بدانم.

آمین

- بعد از خواندن این کتاب، آن را هدیه کن تا عشقش بماند و دانه‌اش عشقی شود در قلب گیرنده‌اش

دیگر آثار مجموعه‌ی «مرغ من، بهترین غاز دنیاست»

۱- غواصان در خاک زنده‌اند
- رمز عبور آسمانی، دل را به خدا سپردن است.
- راز لبخند بر لبان شهید، یقین داشتن اوست به هدف.
- پشتت را بر ایمان مستحکم خویش ببند، تا تکیه‌گاه هزاران شوی.

۲- مرغ من بهترین غاز دنیاست
- ای خداوند، تو تنها داشته‌ای هستی که با آن تمام نداشته‌هایم، بی‌معناست.
- آن که هستی را از نیستی آفرید، نیز می‌تواند هستی‌های دردآورت را به نیستی بفرستد.
- بهتر است که همه‌ی انسان‌ها از تو ناامید بشوند و از تو جدا شوند، اما تو از خدا جدا نشوی.

۳- گنج حضورم را یاب

بوی خدا

بوی تو را می‌دهد، او که در این سـرنوشـت
بر دل پر درد خویش، نام تو را سـر نوشـت
عشـق تو را طالب اسـت، در همه کوی زمین
او که به جز عشـق تو، جا ندهد در سـرشـت
از غم عشـقـت چونین، ناز تو را می‌کِشَـد
خوش چو گدا گشته‌ام، ای همه رویت بهشت

صدای یتیم

آه، صـدای یتیم، بانـگ زند بر سـمـا
نان شـب و روز ما، سـو بنما بهر ما
آه که بر در زند، دیده که آید کسـی
مژده دهد قلب او، گر بدهد هدیه‌ای
وقت سـحر آیدش، این ربِ مشـکل‌گشـا
خواب ببیند به در، کودک وامانده را
تا که نوازش کند، صـورت مهتابه‌اش
او به خیالش بُوَد، دسـت پدر بر سـرش

❖ در صورت تمایل به ارتباط با نویسنده، از طریق شماره تماس و ایمیل زیر می‌توانید تماس حاصل فرمائید.

شماره تماس : ۰۹۱۳-۴۳۳-۴۹۵۰

ایمیل : Behtarin.Ghaze.Donya@Gmail.com

چند کتاب پیشنهاد سردبیر انتشارات برای شما

برای تهیه کتاب ها از آمازون یا وبسایت انتشارات می توانید بارکدهای زیر را اسکن کنید

kphclub.com

Amazon.com

Kidsocado Publishing House
خانه انتشارات کیدزوکادو
ونکوور، کانادا

تلفن : ۸۶۵۴ ۶۳۳ (۸۳۳) ۱+
واتس آپ: ۷۲۴۸ ۳۳۳ (۲۳۶) ۱ +
ایمیل: info@kidsocado.com
وبسایت انتشارات: https://kidsocadopublishinghouse.com
وبسایت فروشگاه: https://kphclub.com